以梦为马，愿每一个设计都被温柔相待，
愿每一个创意都不被辜负……

设计驱动力

途牛旅游用户体验设计之旅

途牛用户体验中心 编著

人民邮电出版社
北京

图书在版编目（CIP）数据

设计驱动力 : 途牛旅游用户体验设计之旅 / 途牛用户体验中心编著. -- 北京 : 人民邮电出版社, 2019.9
ISBN 978-7-115-50149-3

Ⅰ. ①设… Ⅱ. ①途… Ⅲ. ①旅游服务—研究 Ⅳ. ①F590.6

中国版本图书馆CIP数据核字(2018)第272445号

内 容 提 要

本书由途牛用户体验设计团队编写，内容来源于企业内训资料与项目实践，是设计团队的阶段性工作总结。全书围绕体验设计、商业生态、设计策略和拥抱用户等4个主题展开论述，探讨了高效工作理论、动态创意设计、改版迭代方法、规范制订策略、营销大促设计、品牌定位探索、服务设计理念、智能设计方法、线下物料设计及设计项目管理等多个层面的问题，展现了途牛核心项目背后的设计过程，分享了途牛在体验设计上对场景化、个性化和情感化等方面的思考和设计经验。

本书适合想从事互联网设计工作的读者阅读，也适合有一定经验的互联网设计从业者和用户体验设计师参考。

◆ 编　　著　途牛用户体验中心
责任编辑　孟飞飞
责任印制　马振武
◆ 人民邮电出版社出版发行　　北京市丰台区成寿寺路11号
邮编　100164　　电子邮件　315@ptpress.com.cn
网址　http://www.ptpress.com.cn
北京东方宝隆印刷有限公司印刷
◆ 开本：690×970　1/16
印张：12.5
字数：305千字　　2019年9月第1版
印数：1－3 000册　　2019年9月北京第1次印刷

定价：79.00元

读者服务热线：(010)81055410　印装质量热线：(010)81055316
反盗版热线：(010)81055315
广告经营许可证：京东工商广登字20170147号

Introductory 序1

途牛是较早参与并倡导移动互联网用户体验研究的公司之一。

在过去几年途牛旅游 App 的发展历程中，途牛用户体验设计中心总结归纳了一些用户体验方面的设计思路，并与研发团队在工程实践的过程中不断总结和改进，最终形成了一套行之有效的在线旅游行业的用户体验设计方法。

很高兴看到这样的设计方法能够被汇编成书，让更多的设计初学者和互联网从业者分享途牛用户体验设计团队的经验。

书中涉及的方面有很多，涵盖了品牌塑造、旅游预订、在线交易、营销推广，以及实体衍生品的设计、制作等内容。

相信读者通过阅读这本实战性很强的书，能够提升自己在用户体验设计方面的能力。

途牛旅游网 CTO　陈世宏

序2 | Introductory

设计是企业变革和创新的核心驱动力。

途牛网秉承“让旅游更简单”的使命，把满足大众旅游需求作为首要服务目标。2014 年，途牛用户体验设计团队成立，其秉承“用心设计，助力业务”的方针，坚持“设计赋能商业”的原则，全方位提升了途牛产品的用户体验。4 年之后，团队成员总结了不断积累的实践经验并运用专业知识，编著了本书。书中详述了关于驱动产品体验的设计体系，该体系不仅能够用来指导设计工作，还能赋能商业，最大限度地实现商业价值与用户体验之间的平衡。

前卡耐基梅隆设计学院院长、美国凯斯西储大学首席教授 Richard Buchanan 在 IXDC 2018 国际体验设计大会上发表的主旨演讲中提到：“设计师要更加理解人性，因为人们都希望去更多地参与设计。如果缺少参与，用户对产品和服务的忠诚度就会降低。”我们可以看到，世界正在飞速地发生变化，用户正变得更加聪明。设计是每一个企业变革和创新的核心驱动力。设计师迫切需要汲取新技术、新知识和新案例，以应对复杂的商业竞争环境。本书汇编的案例与方法，是设计师汲取知识的最佳选择。

面对复杂的社会环境和严峻的商业环境，无论是设计的初学者，还是有经验的设计师、管理者，都需要秉持开放包容的态度。只有不断学习新的设计理念，才能稳住在行业中的领先地位。途牛用户体验设计中心正是如此，它在用户体验的道路上披荆斩棘，砥砺前行。

从我创立国际体验设计委员会（IXDC）至今，已经过去了十年。在此期间，我见证了各个地区的交互设计、用户体验和服务设计行业的发展与进步，也很幸运地结识了很多成功企业的用户体验设计（UED）团队，途牛用户体验设计中心就是其中之一。感谢他们编著此书，为用户体验行业的发展贡献一份力量！

国际体验设计委员会（IXDC）秘书长 / 大会主席　胡晓

Preface 前言

自 2006 年途牛旅游网在南京创立以来，“让旅游更简单”的使命一直深深地镌刻在每个途牛人的身上。途牛定位于大众旅游市场，把满足大众的需求作为首要服务目标，始终保持对用户在旅程每一个阶段体验的关注。

前世今生

途牛用户体验设计中心（Tuniu User Experience Design Center，简称“途牛 UED”）成立于 2014 年 7 月 3 日。作为一个相对年轻的团队，途牛用户体验设计团队内部分工细致，横向上可划分为用户研究、交互设计、视觉设计、营销设计、动效影视设计、品牌和衍生品设计等专业条线，纵向上并行着服务于各产品线的业务运营设计团队。服务产品囊括途牛无线与网站、内容营销、机票酒店、B2B 分销平台、零售平台、金融、通信、百货，以及旅拍与门店等公司业务线。随着产品项目的不断增多，途牛体验团队也逐渐发展成了现在的有 50 多个人的大家庭。

途牛用户体验设计团队以“专业技术协助业务成功”为目标，视“为用户提供更优秀的业务体验”为己任，始终秉持着“设计驱动产品体验”的理念来打造产品。2017 年，为了更好、更充分地利用设计资源，响应公司关于“全能力”战略的规划，团队坚持“设计赋能商业”的原则，从业务场景和产品的角度进行整体设计思考，在不同的专业特点和不同的问题解决思路的基础上进行经验与专业沉淀，思考怎样为业务带来一脉相承的设计价值。同年，我们成立了途牛技术设计序列委员会，致力于梳理需求，支持公司各业务条线，讨论商定设计师规范标准、产品项目规范标准、设计创意思路和重点项目的调配等工作，以实现互联网 OTA（在线旅行社）的体验创新，做好生态建设。

在探索过程中，我们总结经验，吸取教训，构建了一套途牛自有的体验设计体系。设计体系让我们的设计工作有了一定的思路和方向，它在途牛的商业产品中发挥着重要的作用，创造了很大的价值。通过分享我们在途牛发展过程中的体验探索经验，我们期望和大家一起进一步探讨设计驱动力在产品体验方面的用户价值、在业务方面的商业价值，以及在行业生态链方面的价值，共同学习，共同成长。

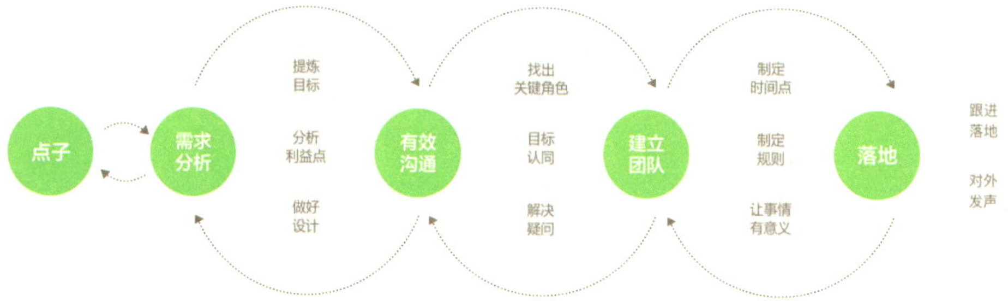

本书的特色

目前市场上以“用户体验”为核心内容的工具书有很多，而本书并不是一本仅仅讲设计的书。

与其他图书相比，本书显著的特点在于我们在尊重用户体验的基础上，以在线旅游商业化设计为目标导向，寻求助力业务发展的商业价值与用户体验之间的平衡点。途牛用户体验的设计思考维度涵盖了体验要素的战略层、范围层、结构层、框架层和表现层，它不仅表现为一种方法和流程，而且是对设计更全面的定位，并可以作为体现设计价值的一种工作思维方式。我们总结了团队设计师们在旅游产品场景、品牌IP 和内容营销等方面积累的经验，详细解析设计体系构建思路和方法应用，结合实战案例，让读者更好地应用这套体系，更好地提高产品体验和商业营收。

在本书编撰的过程中，我们力图记录下途牛在在线旅游行业中的设计赋能（赋能即为某人或某个主体赋予某种能力和能量，最早是积极心理学中的一个名词，后来被广泛应用于商业和管理学），例如跟团游品牌“牛人专线”的诞生、大型促销的项目管理和旅游衍生品的构建等。在本书中，我们也对这些项目进行了深度的解析。如我们在途牛跟团游品牌“牛人专线”的构建过程中，通过剖析旅游用户的痛点，运用完善的设计体系，帮助 “牛人专线”品牌实现线上线下旅游服务的体验升级。在营销设计方面，我们团队助力相关部门精准进行市场定位，在 S 级“暑期大促”项目中快速搭建营销布局内容，营造旅游场景，实现了当年暑期出游用户流量的增长。

当然，书中除了对设计赋能业务进行了强调以外，还穿插展示了很多途牛体验设计道路上的“小秘籍”。如对于用户需求的情感洞察、高效工作的方法和对项目复盘的重视等，这些都是途牛设计团队积累的阶段性经验。

期望看到此书的你无论是刚在设计路上修行的初学者，还是拥有一定工作经验的设计师，抑或是团队的管理者，都能有所收获。书中的很多观点，都是团队内部设计师在行业中通过学习并从实际项目中总结获得的，难免有些片面，还望各位读者谅解。在“体验设计”这条道路上，我们团队也将抱着学习的心态聆听各方的回音，书中有不当之处也欢迎各位同行指正。

特别鸣谢

在本书的编写过程中，特别感谢途牛团队的各个部门一直以来提供的支持和帮助，书中的许多经验分享也来源于集体的智慧和团队成员相互的头脑风暴、灵感激发。感谢在本书撰写过程中给予支持、指导和帮助的老板于敦德（途牛旅游网 CEO）和陈世宏（途牛旅游网 CTO），使得我们可以打破常规，不断尝试新的写作思路和方向，突破瓶颈，让内容表现得更加生动，并让设计更有效地辅助产品的发展，使得设计在产品中越来越具有商业价值。感谢设计团队中每一位成员在工作当中一直以公司价值观为基准，用心设计。感谢参与本书编撰的所有同伴（按文章编排顺序排名：唐佃珍、王怡、倪晨、陈鹏辉、石婕、王夙青、许梦、莫莉、万小晶、魏欣、宋瑞娜、郑文旭、屠静、刘星、刘欢、刘鸣、喻乐、程超、周轩、郝越、嵇振环），特别感谢王怡在成书过程中为内容编撰及项目推行付出的努力。

感谢在本书撰写过程中给予支持的公司领导和良师益友们，有了你们的支持和鼓励，团队才能在繁忙的工作中挤出时间，克难竟事。感谢人民邮电出版社数字艺术分社给予我们的出版支持。

谨以此书，愿大家在设计之路上始终心如花木，向阳而生！

途牛用户体验设计中心

2018 年 4 月

推荐 Recommend

（此排名不分先后）

互联网与各行各业的结合把互联网产品的用户体验设计带到更多新的领域，也迎来了更多新的挑战：线上与线下的结合，产品与服务、运营和品牌的结合，各种跨平台与跨终端的结合等。这些结合与挑战有利于用户体验设计方法的进一步完善，能够适应更复杂的应用场景和商业系统，而不只是停留在屏幕中。这也是在互联网未来的大趋势中用户体验设计必须面对的。途牛用户体验设计团队带来了他们探索与实践的总结，以设计为驱动力，打通设计与商业，为用户、为企业创造更有意义的价值。

创新工场 AI 工程院 VP/ 前 Google 用户体验团队负责人　吴卓浩

身处 OTA 行业，途牛用户体验设计中心的工作内容涵盖了线上与线下、抽象与实体、体验与业务及品牌与营收等多个方面。面对如此复杂甚至彼此矛盾的职责范围，途牛用户体验设计中心秉持着“以专业技术协助业务成功”的理念和“设计赋能商业”的原则，为互联网从业者和用户体验设计爱好者带来了这本很有价值和借鉴意义的图书。本书介绍的途牛体验设计体系更是对 UED 的工作方式进行了充分的思路拆解和实例应用分析，同时本书中也包含了目前很容易被业界采用的 UCD、用户体验五要素、组件化、情感化设计、服务设计、品牌 IP 化及 GTD 等成熟的方法论，以及它们在实际工作中的落地方法。

站酷 CCO/ 总编　纪晓亮

用户体验作为互联网生态圈中的一环，助力产品进行更多人性化、情感化和个性化的体验设计思考。我们一直在坚持专业、坚持自己职业选择的道路上前进，也很欣赏途牛用户体验设计团队开放、分享的态度。期待读者朋友从他们的思考和实践中有所收获。

百度集团内容生态用户体验部总监　史玉洁

这是一本质量很高且汇集了很多项目经验的用户体验书，我在此推荐给行业新人。书中小到动效案例分析，大到项目全链路的整体思考，深入浅出地向读者分享了途牛用户体验设计团队的工作经验。本书的每一个章节都会围绕不同的维度去阐述设计的价值，从商业化到高效工具，再到产品迭代与品牌探索，满满的“干货”，是实打实的沉淀。

网易传媒集团设计总监　小火（张西麟）

认知、赋能、融合、洞察，仅仅 4 章就概括了设计驱动力的真谛。途牛网用户体验设计团队做到了！本书是一群人智慧的结晶。唯有在真实项目的挑战中有意识地实践、总结和共创，才能真正改变行业。

桥中创始人 / 全球服务设计联盟上海主席 黄蔚

把团队的专业思考与心得沉淀集结成册，并不是一件容易的事情。这是将模糊的意象升级为准确定义和表达的过程，也是对已有的专业思考进行反思、打碎和系统化重建的过程。这是一次艰难的自我认知升级，也是一种带着痛的蜕变与成长。恭喜王雷兄弟带着途牛用户体验设计团队完成了这一次“淬炼”，成书过程中所体现出的自我反思、自我升级的勇气与决心，在我看来便是对“向阳而生”的最好诠释与解读。祝始终心如花木、勇于向阳而生的途牛用户体验设计中心，一路郁郁葱葱、欣欣向荣！

阿里巴巴国际用户体验事业部智能产品设计负责人 / 体验设计专家 / “五导家 think-flow”发明人 李龙

近年来，服务设计的全链路、多触点和多角色的思维方式所带来的价值被越来越多的人认知。然而，能够将价值通过实践进行显性化和量化的却屈指可数。途牛用户体验设计中心团队为大家做了一个榜样，特别是在产品打造、体验升级及品牌心智等维度，真正做到了“全链路 + 小闭环、线上 + 线下”的融合。本书呈现出的不是旅行这个单一行业的体验和服务，更为各行业体验及服务的打造提供了有价值的参考。

阿里巴巴新零售设计中心 茶山博士

本书干货满满，内容丰富全面，可以看出这是一批战斗在一线的设计师们的经验总结和研究成果。从文字段落上下留白的不一样的设计到设计规范组件化，从运营设计快速模板到品牌服务构建，从差异化设计到情感化设计等，每块内容都结合实际案例，使得理论与方法的表述更加生动易懂。本书对设计管理者、线上线下的设计师在改善工作方法、提升工作效率以及拓展设计思路方面都有很好的借鉴价值。

苏宁云商 IT 总部体验设计专家 邹迎燕

目录 Contents

第 1 章

认知——体验设计

1.1 设计无界

△ 文 / 王雷

什么是好的设计？业界对此一直看法不一。有的人认为好的设计就是界面美观，动画炫酷；有的人认为好的设计就是以人为本，以用户为中心。有时我们也会感觉到，“用户”其实是一个被动接受的角色，在体验过程中他们并不清楚什么是自己想要的，而是需要我们给他们提供更多的体验和尝试。这些观点从本质上来说并不矛盾，它们的核心都是通过满足用户需求，并在其中权衡用户感受与被感受的关系。

了解苹果公司“发家史”的读者朋友应该都知道，从苹果公司濒临破产到改变世界，设计在其中发挥了极大的推动作用。每年苹果公司的全球开发者大会更是全球设计师翘首企盼的盛典。如今，设计早已从为业务“锦上添花”的地位逐渐转变成了产品，甚至是企业发展的重要战略手段，而且也逐渐成为企业管理者或经营者未来在战略与技术层面以外更为关注的无形资产。

近年来，途牛网在设计上进行过很多的尝试。其中有过一些创新，但也踩过不少“坑”。特别是在企业建立初期，一方面，我们在产品设计时通常缺乏明确的设计目标和评估标准，仅仅是凭借着基础的设计理论知识和自身的设计经验去满足产品的设计需求，这种单纯围绕产品业务而进行的设计往往是以降低用户体验为代价的。

另一方面，在项目中我们还会犯这样一种错误：在讨论一个问题的时候，很容易对诸如“哪种方式体验更好”的问题进行争辩，这种孰是孰非的讨论往往会随着时间的推进，演变成以个人感受作为用户体验的主观臆想。相反地，我们对此更应该从事情本身出发，站在用户的角度，而不是站在自己的角度去考虑用户体验， 同时应该尊重他人的选择，聆听他人的建议，因为讨论本身并不是为了争个“你输我赢”，而是为了获得一个理想的答案与结果，从而做出更符合用户需求的设计。

在行业探索的过程中，我们试图探寻人与世界的连接，在连接中拓宽设计的边界。同时设计团队也一直在关注内容、产品和服务这 3 个要素，如图 1-1 所示。

图 1-1 在线旅游体验要素

⊙ **内容**：从吃、住、旅行、娱乐和交通等出行的必备元素出发，为旅游用户提供详细、精准和可使用的攻略信息。

⊙ **产品**：打通“行前”“行中”和“行后”产品领域，助力“边走边买”的新消费模式。

⊙ **服务**：用心打造“牛人专线”产品系列，建设自营随往地接社，致力于全面提升游客的游览体验。

针对以上要素的应用，比较有代表性的是我们针对目的地场景的业务挖掘和体验打造，如图 1-2 所示。首先，在用户出行前信息获取成本的痛点上，我们打造了“攻略”“锦囊”等精练的目的地的内容，帮助用户快速了解目的地相关信息；在解决用户时间成本上，我们推出了“机酒打包”“接送”等相关服务，简化用户单品购买路径，提升下单率。其次，在支付环节，我们也优化了内容引流到产品之后的订单链路体验，配合“首付出发”（途牛打造的旅游消费新模式，指用户支付首付款后，即可出发到各地旅游，享受“分期还款”服务）的支付模式，简化了用户的交易成本。再次，在用户行程中，针对旅游行业特有的空间成本痛点，我们也运用“当地玩乐”“直播”和“地图导购”等产品，解决目的地相关的出行需求。最后，围绕整个目的地体验场景中的沟通成本，我们打造了“结伴”“问大家”等产品，增加用户间的互动，提高客服服务质量，提升用户对途牛品牌的好感度。

图 1-2 目的地场景服务

回到我们一开始的问题，设计的边界又在哪里呢？回顾我们身处的环境，在互联网企业中，一个设计团队通常由产品经理、前端工程师、设计师和运营人员组成。在除了设计师以外的其他人眼里，设计师往往只关注视觉呈现，很少去考虑产品方向与技术实现的问题。但实际上，在设计中，设计师需要考虑的问题有很多，而设计职能的界限，也并不应该限制设计师看待问题的视角和范围。

在设计前期，设计师需要深刻地理解自身的业务和所处的产品环境，了解系统的工作流程，掌握正确的工作方法，明确产品的定位，提取产品的业务目标，凸显产品的业务价值，明确产品设计的发力的方向；在设计中期，设计师需要结合自身的专业，用视觉化的语言呈现信息层级，表达用户心智，了解开发模式，同时配合前端工程师提供跨平台整合体验方案，保证多端体验的一致性和舒适性；在设计后期，设计师要学习运营思路，对产品进行推广营销，并进行数据分析与测试，将设计效果和商业指标对接，从用户体验维度对设计的质量进行效果评估，通过数据指标来衡量和验证设计的效果，让数据“说话”，进而对设计进行持续的优化，如图 1-3 所示。

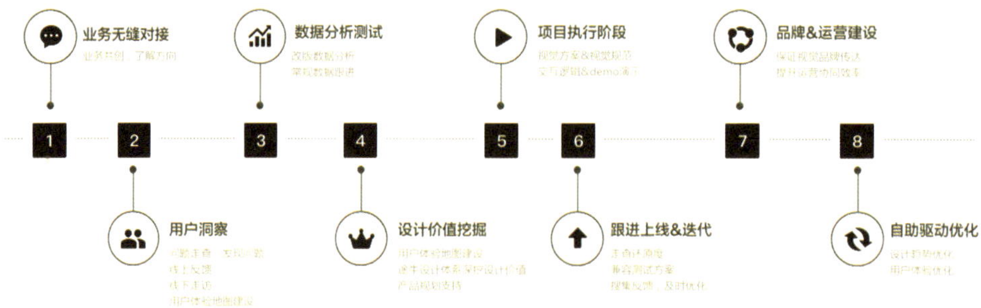

图 1-3 设计全链路参与路径图

这种宏观的思辨角度和广阔的职业视角，有助于我们探索更多的机会点和发力点，更好地在团队中协同工作，持续助力业务，让业务生态有一个良性的发展。

小结

用户体验设计仅仅是完成产品目标的一个重要的而非唯一的途径。目前，更多元的设计理念正在逐渐影响行业的发展，我们的用户体验团队也将对现有的经验和结论进行不断的改进，融入更多元的视角与途径进行思辨。未来我们还有很长的路要走，一切才刚刚开始。

1.2 交互漫游指南

△ 文 / 唐佃珍

在制作产品设计方案时，设计师一般很希望有充足的时间来慢慢打磨设计方案原型，而紧张的时间无法给设计师这样理想的环境。想要让产品目标落地，并让设计的方法变得更加完善，能快速发现问题成为设计师必备的技能之一。

下面，我给大家介绍两种途牛网常用的交互设计方法。

1.2.1 指导设计的竞品分析

用户体验的 5 个要素包括表现层、框架层、结构层、范围层和战略层。从这 5 个要素来看，交互设计属于结构层和框架层，因而在进行交互设计产品指导的竞品分析时，也需要从这两个要素入手，如图 1-4 所示。

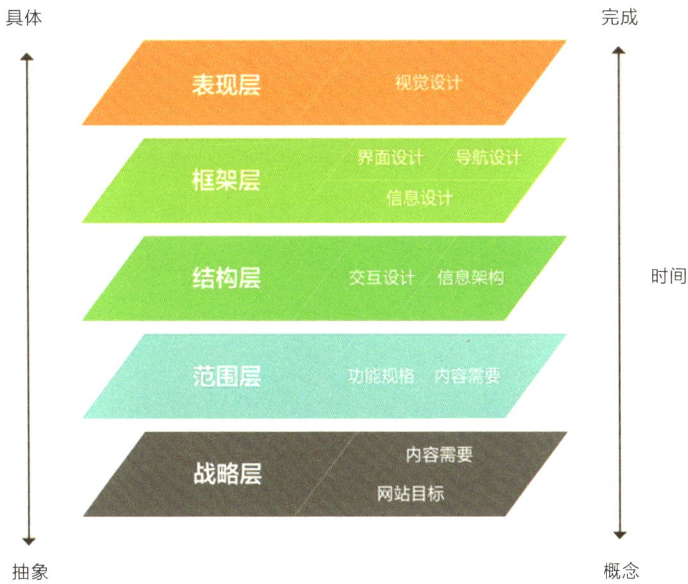

图 1-4 用户体验的 5 个要素

我们需要明确的一个准则就是以“用户的需求和行为”为中心，不能以“功能的分析”为中心。例如，Pinterest（一个国外的图片社交平台）的“瀑布流”用在大众点评（一个本地生活信息和交易平台）上就是一个“悲剧”，看起来很新潮，但并不实用，甚至会带来负面效果，造成这种结果的原因是这两个产品的用户目标和行为不一样。其中一个重要的区别就是 Pinterest 用户的浏览习惯通常是“走马观花”式的，但是大众点评用户的浏览习惯则是对内容进行不断地寻找和回顾，因此将 Pinterest 的瀑布流嫁接到大众点评网站上，反而会造成不必要的使用障碍，如图 1-5 所示。

信息瀑布流　　　　生活信息和交易平台

图 1-5　交互模式对比

提示

瀑布流，又称瀑布流式布局，是当下比较流行的一种网站页面布局，视觉表现为参差不齐的多栏布局效果。瀑布流会随着页面滚动条向下滚动而滚动，这种布局会不断加载数据块，并附加至当前页面尾部。

因此，想要借鉴别人的交互体验思路，要先揣摩产品的用户是怎么用的，据此再想想还有没有更好的方式来满足用户需求。分析的时候要先看到功能背后的行为，然后看到行为背后的目标，并检查这个目标和我们用户的目标是否一致。如果一致，就可以据此目标进行自己的设计。

在对竞品进行分析时，可以按照“战略层面分析→操作层面分析→页面元素分析”的思路来进行。

1. 战略层：用户目标

在了解用户目标阶段，我们需要帮助用户理清在产品使用过程中需要完成的任务，为产品制订可行的方案。从战略层面上，看看有哪些功能是用户需要的，并且是竞品有了我们还没有的。通过对比，验证自身的产品理念是否合适，同时更好地向对方学习，规避不好用的功能。例如，针对爱奇艺客户端的使用，以往用户在看视频的时候，如果想要返回首页查看其他内容，就需要先关闭视频窗口，而现在则不太一样了。

当用户在爱奇艺客户端进行同样的操作时，屏幕右侧会出现一个小屏幕，可以在观看视频的同时浏览其他内容，而不打断用户操作，如图 1-6 所示。这是满足用户需求的一个非常好的功能，而竞品分析的目的就是在用户的任务层面找到这些差异化的功能。

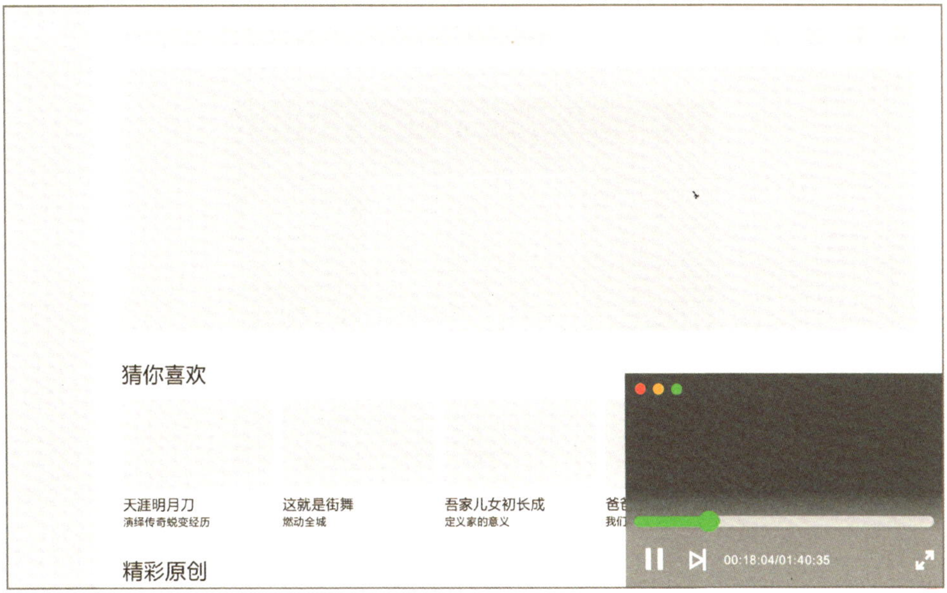

图 1-6　视频播放软件客户端

2. 操作层：用户任务

战略层面的分析之后是操作层面的分析。在相似的行业属性下，用户的目标都差不多，但是到了具体的操作层面和页面元素层面时，就会显示出差别来。操作层是交互最主要的工作领域。在这里，如果我们能提供一些贴心的、让人“尖叫”的好的功能点，那么就可以极大地赢得用户的青睐。例如，针对“登录”界面的操作，其操作流程同样都是用户在填写完资料并进行提交之前，需要有一个校验，此时有的网站会改用“弹窗”的形式，而有的网站依然采用的是传统的“页面内登录”的形式，如图 1-7 所示。

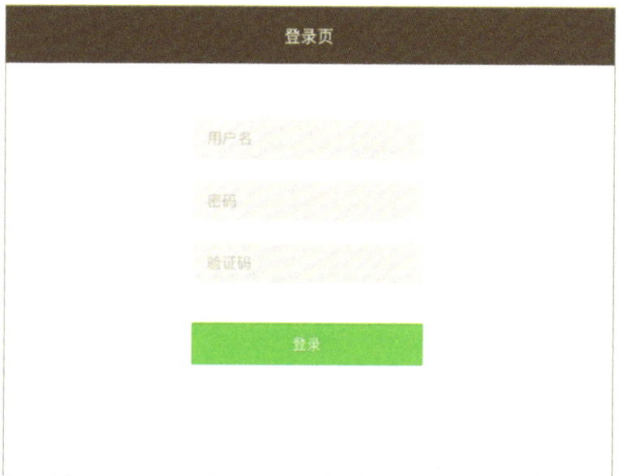

页面内登录

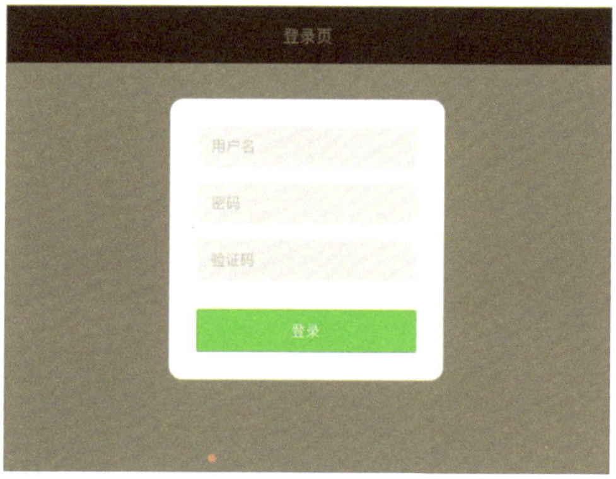

弹窗登录

图 1-7 页面内登录与弹窗登录

3. 页面元素：用户体验

针对不同的网站，同一个功能情况下页面元素的布局和色调等往往会有所差别。这里我们以“发表帖子”功能为例。有的网站的“发表帖子”功能的按钮可能在页面的右上角，带灰色边框，字体颜色显示为灰色；有的网站的“发表帖子”功能的按钮同样在页面的右上角，但可能无边框，同时字体颜色会显示为绿色；有的网站的“发表帖子”功能的按钮可能在页面的正下方，带绿色边框，字体颜色呈现为白色，如图 1-8 所示。这是一个核心的行为入口，任务和操作层面的都一样，但是这些不同的页面元素的呈现形式往往会影响用户操作的流畅性，甚至是用户完成任务的可能性。

灰色按钮　　绿色连接　　高亮按钮

图 1-8　发表帖子功能的案例

只有以人为中心，而不是以产品为中心的竞品分析，才是好的竞品分析。业务功能类似的时候，场景和用户群的差别会直接影响产品的定位方向。

虽然竞品分析可以作为快速发现问题的方法之一，但它也不是每个设计阶段都必须完成的任务。交互设计师需要把更多的精力放在研究用户上。以“旅游公司”为例，多到前端环节了解客服方传递的真实的客户声音，多到产品使用场景中与用户接触等，这些会让分析结果更全面、更客观。

1.2.2 敏捷开发下的快速可用性测试

可用性测试的定义是：通过观察有代表性的用户，完成产品的典型任务，而界定出可用性问题，并提出解决建议，让产品用起来更方便。完备的可用性测试包括任务脚本的准备、预测试、用户招募、测试实施、评估量表打分和报告输出这 6 个阶段，如图 1-9 所示。

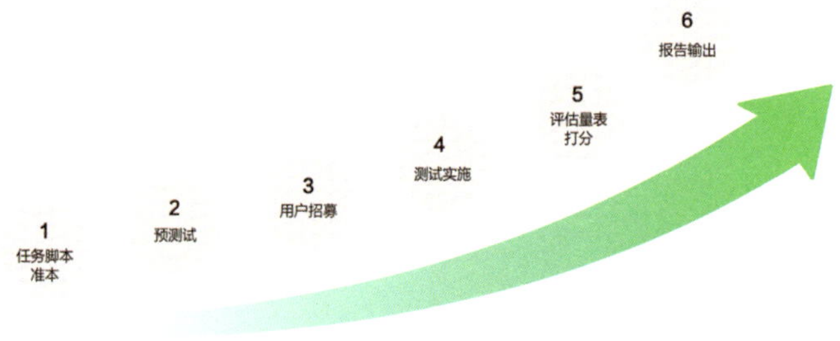

图 1-9 传统可用性测试的 6 个阶段

但在需求紧急的情况下，如果依照这 6 个阶段一步步来进行操作，显然是不现实的。这个时候，我们就需要采用“快速可用性测试”的方法进行测试。

1. 快速可用性测试的 6 个阶段

顾名思义，快速可用性测试是指可以在短时间内执行的可用性测试。传统的可用性测试以“发现问题”和“评估可用性”为主要目的，而快速可用性测试的目的是在短时间内发现设计问题，并不看重设计效果的评估。

下面，我们将以传统可用性测试的 6 个阶段为基础，分析如何进行快速可用性测试。

⊙ **任务脚本准备**：传统的可用性测试需要测试者全面地去准备脚本，而快速可用性测试则只需要测试者梳理出与要考核的设计界面相关的主要任务即可。

⊙ **预测试**：这个步骤在快速可用性测试过程中可以省略。

⊙ **用户招募**：传统的可用性测试需要撰写、投放招募问卷，从网络中填写问卷的人里去筛选用户，招募用户人数在 6~8 人，既费事又费时。针对用户人员招募有一个比较快捷的方法，即以收集的非业务方同事的产品使用信息为用户数据库，从中筛选出符合要求的用户 2~3 人即可，没有内部数据库的可以从已有用户的数据库中进行挑选。这个方法对于有一定规模的大公司来说比较适用。

⊙ **测试实施**：传统的可用性测试一般都有详细而严格的记录，包括录音和视频等， 而快速可用性测试只需要用笔或者笔记本记录下严重的问题。

⊙ **评估量表打分**：快速可用性测试的目的是发现设计问题，关于评估的部分可以省略掉。

⊙ **报告输出**：传统可用性测试的报告需要截图、斟酌表述的语句，将可用性问题一个一个进行分类，并整理出报告和可用性问题的量表，至少要 3~4 天的时间。而快速可用性测试，在测试刚开始实施时就已经把严重的问题都记录下来了，因此该阶段也属于可以省略的环节。

2. 传统可用性测试与快速可用性测试对比分析

在结果落地方面，传统可用性测试会针对可用性水平进行解决方案的再设计，提升产品的可用性。而对于快速可用性测试，问题的解决需要快速落地，需要将记录的问题反馈给设计师和对应的产品经理，或者直接给出可参考的方案。

如果要追求更快的测试速度，那么在实施测试时可以让需求方人员在场。每次测试访谈结束后，大家可以一起对过程中发现的问题进行快速总结。在时间允许的情况下，可以在执行完一场测试后再迭代一轮测试，验证一下是否解决了原来存在的问题。这样一来，或许会有一些意外的发现，例如根据用户问题探索出背后的隐藏需求、了解现有功能的不足等，然后快速解决问题，如表 1-1 所示。

维度	传统可用性测试	快速可用性测试
适用场景	时间充足，对产品进行全面的可用性评估	时间紧急，仅针对产品设计中存在的严重可用性问题
目的	发现尽可能多的可用性问题，评估设计的可用性水平	发现设计中存在的严重可用性问题
步骤	六个阶段步骤：任务脚本的准备、预测试、用户招募、测试实施、评估量表打分、报告输出	省略评估和报告输出阶段
结果落地	针对可用性水平，进行解决方案再设计，并依次修改存在的可用性问题	本迭代立刻修改设计方案来解决发现的问题

表 1-1 传统可用性测试与快速可用性测试对比

◎ 小结

紧张的迭代周期更加考验团队成员的项目应变能力、协作能力和沟通能力。在产品设计初期，对交互设计师而言，无论设计研究的方法是什么，都需要确保操作是简单可控且高效有用的，只有这样才能帮助团队快速提高设计效率，并实现通力合作，打造出好的产品。

1.3 组件化设计的探索与实践

△ 文 / 王怡、倪晨

随着公司的不断发展，途牛网作为一个大型的旅游资源平台，其体系也在不断地进行扩张，既涵盖了基础旅游品类，又逐步在单品、社交和 IP 等领域发力。在这样一个急速发展的时代，设计师不仅需要完成独立业务的设计需求，还需要更多地思考业务流程中的设计资源的协同、部门协作的效率，设计价值的实现等问题。

1.3.1 如何理解组件化设计

在以往的设计流程中，设计规范将界面中各个元素细化成独立的“元件”，设计师依照“需求→设计→前端”的线性流程完成页面的搭建。但是，这种颗粒度较小的元件规范在实际的应用中缺乏一定的可控性。在交付设计成果之前，我们无法提前预估业务呈现的效果，只能在设计稿交付之后，通过视觉评审机制对设计进行约束和调整。

组件化设计的本质在于，基于业务高效复用的目的，通过对页面中文字、标签这类“元件”进行拆解和重组，形成标准化的“组件”模块（如顶部导航、商品坑位等），进而以组合模块的方式来构建整个界面设计，减少原先规范中颗粒度较小的元素在实际界面设计中的多样化组合和差异化应用，有效地实现界面整体的一致性。其核心包括内容和流程两个方面，如图 1-10 所示。

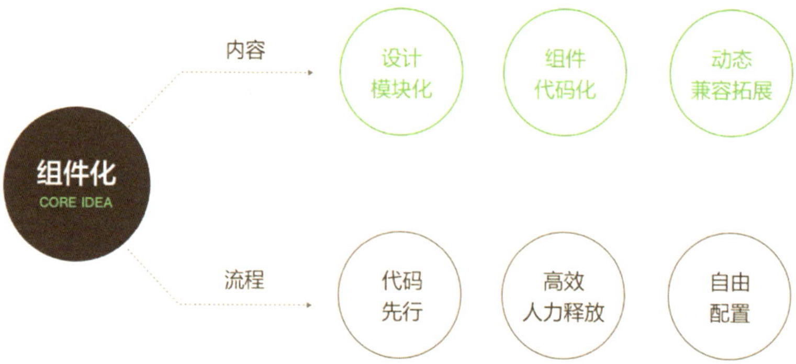

图 1-10 组件化设计的核心

1. 从内容方面来说

组件化设计在内容上与目前大部分互联网公司通用的视觉规范体系相比，还是存在较多差异的，主要体现在以下 3 个方面。

（1）设计模块化，构建模块化

将设计元素化转变为设计模块化，通过一个个独立的组件产品，在业务场景中相互组合，形成一个良性的设计系统。在开发过程中也按照组件而不是页面进行开发，页面搭建中仅需要将组件拼装成页面，这样可以大大提升项目团队的工作效率。

（2）打通语言，实现统一

大部分互联网公司的工作流程一般为界面设计师产出界面视觉稿，开发工程师根据视觉稿编辑代码，发布上线。介于两者所展示语言的壁垒始终存在，每一次新页面的上线都需要设计与开发分别针对页面元素各自编译一次。对于一些重复性较高的页面，其中人力的耗损可想而知，而组件化系统最为关键的一点在于，其打通了与开发之间的语言，将界面中复用率较高的模块按组件搭建，然后各业务线按需调取，真正实现了全站的统一。

（3）自由组合，灵活兼容

这里我们以顶部 Bar 组件为例。在制作顶部 Bar 组件的过程中，需要对不同场景下各个元素组合的布局、样式、响应状态、交互效果和兼容方案等进行全方位的考虑。而针对多个组件，也需要通过灵活的组合来构建不同的产品坑位和功能模块。当组件开发完成后，还需配置部分可定义元素来满足不同业务线产品的需求，如顶部 Bar 组件就支持背景色调整、显示 / 隐藏分隔线和动态图片等功能。

2. 从流程方面来说

组件化设计的另一大显著的特点是：它会大幅度提升工作效率，其工作流程也与以往的线性迭代流程有所不同。其所产生的提升作用主要表现在以下 3 个方面。

（1）更智能的工作方式

在途牛现有的设计架构中，设计师对应各自的业务线，多线并行支持业务迭代，这种形式在应对大型视觉改版或模块升级时需要调动大量的人力资源，而且最终成果难以把控。依托组件化系统按模块而非页面的搭建方式，可以使得设计团队在每年一次的品牌升级或内部阶段性的视觉语言的提升过程中不再需要投入大量的人力，按照一个个的页面进行设计开发工作。在组件化体系中，海量的业务页面被细化为一个个独立的楼层模块（如图标品类入口矩阵、猜你喜欢商品坑位和特卖楼层坑位等）。在改版过程中，我们只需对接架构组的设计师和前端工程师，通过架构层对每个组件模块进行独立的调整和开发。这样一来，早已在前期接入该模块接口的业务，将会在迭代中自动同步架构层中的已经被优化的单模块样式，从而与业务特有的非组件模块共同组合构建出适应各业务线自身场景的视觉样式和模块语言，如图 1-11 所示。这种单线沟通的工作方式在业务较复杂的公司中，不仅能有效地减少人力资源在重复性工作中的耗损，而且能更有效地把控项目质量。

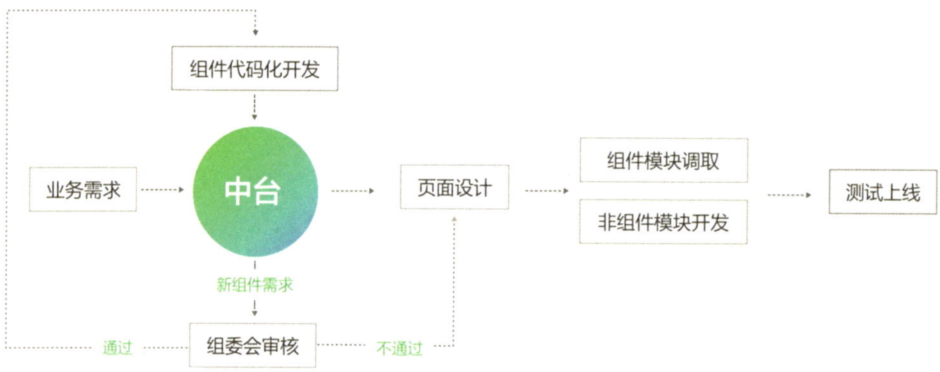

注：中台，本质为平台，指沟通前台业务部门和后台技术支持部门的平台，在“前”与“后”之间，所以被称为“中台”。

图 1-11 组件化设计工作流程

（2）更高效的人力释放

针对优化型项目的单模块调整和公司每年的品牌升级，在组件化的工作流程中，人力可以从梳理 UI 场景、跟进各业务和优化进度这些琐碎但成本巨大的工作中脱离，将更多的精力投入在产品风格的探索和创新上来。

（3）更自由的配置

当设计师与前端工程师的资料库完成耦合时，设计师可以通过单个组件进行多维度、多场景设计方案的输出，更加自由地帮助组件兼容不同的业务场景，统一单模块视觉的呈现样式。同时，通过各业务接入组件模块，可大幅度地减少重复性代码的产生，并有效地减少程序整体容量，使得前端工程师可以将更多的精力投入到功能、交互等体验升级的方向上来。

1.3.2 组件化设计的必要性

视觉语言不同于任何其他语言体系，它是抽象的且不具备共享性质，因此每个人对它的理解都不尽相同。互联网发展至今，各大公司也都在团队内部建立了具有自身品牌特色的视觉语言体系，该体系通常涵盖了栅格、颜色、字体、图标和按钮等较为细分的界面元素，如图 1-13 所示。这种基础的视觉规范在实际应用中仍然存在很多问题，主要可归纳为以下 4 个方面。

1. 规范的定义边界模糊

参与或使用过规范的设计师应该都有所了解，设计语言系统往往囊括了多种元件样式，而一套完整的方案往往需要耗费制订者不少的时间和精力。对使用规范的设计师而言，过于简化的内容为差异化提供了契机，而过于复杂的内容则降低了其使用频率。

2. 整体约束力不足

无论团队意见多么一致或成员多么精简，不同的设计师在理解需求的过程中仍会产生新的解决方案和风格。即便是同样的设计语言，在不同设计师的组合过程中依旧会呈现出不同的效果。如果将这些映射到实际的产品中，那么就会形成可察觉的视觉偏差和不连贯的用户体验。

3. 设备兼容性缺失

当产品在 iOS、Android 和网站等平台呈现时，以往的设计规范只对样式层级进行了定义，而在交互层级中，对不同尺寸下风格的延续与兼容性问题，并不能很好地解决。

4. 系统维护断层

如果我们将规范看作是一种产品，那么它就不像一般实体商品一样，存在制作上的损耗和可替代性。同一套规范架构和设计语言可能还会伴随这个产品数年，因此持续性的规范维护成本和顺应时代趋势的语言升级也是规范运营到后期会暴露出来的问题，如图 1-12 所示。

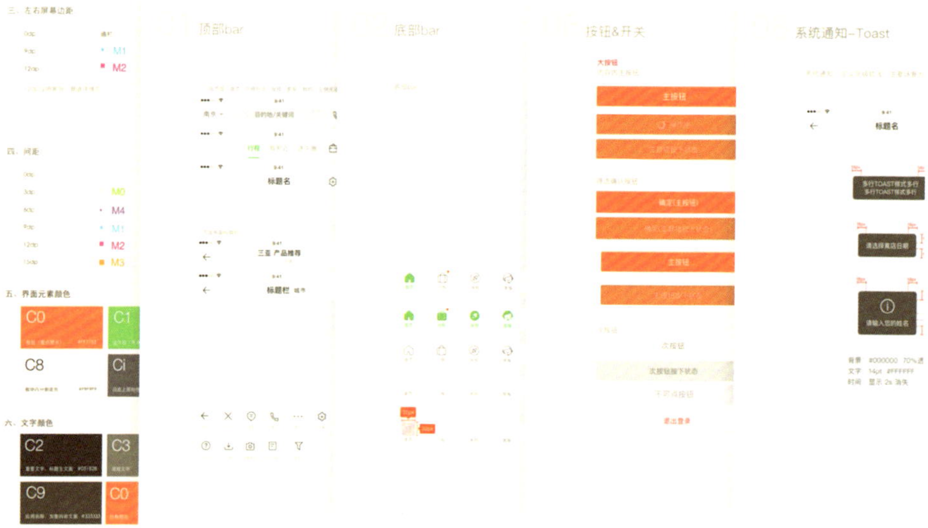

图 1-12 途牛部分传统规范样式示意图

作为用户体验设计师，要想让产品有一个好的用户体验，必须先让团队有好的工作体验。为了能更有效率地管理，为设计师提供更多可专注于业务提升和创意发散等工作内容的空间，我们针对行业内已有的设计规范进行了组件化的升级和改造。

1.3.3 组建设计定义的原则

设计原则是设计团队创建的具体指导，它对于保持设计语言的框架、确保决策合理化和帮助推进事物是非常有价值的。组件的设计定义原则包含以下 4 个方面的内容。

1. 统一性

规范组件是整个规范体系的一部分，在这其中，每一个模块应具备标准的参数来适应各种组装和修改。见图 1-13，单就价格金额组合方式就分别对应了 4 种基础的形态。在应对操作按钮区、单列表商品坑位和组合商品坑位等模块时，我们始终选取标准的基础组合的价格形态进行右侧业务模块的搭建，以此来确保全站价格呈现样式的一致性。

图 1-13 价格金额参数与应用场景示例

2. 可兼容性

可兼容性主要体现在多个组件之间可以通过灵活组合的方式来构建不同的产品坑位和功能模块。同时对于不同屏幕的物理尺寸，也应提供相应方案来实现跨平台的兼容性问题，如图 1-14 所示。以 App 页面顶部的 Bar 模块为例，在定义该模块的过程中，我们就标题样式、背景底色和操作按钮等多个元素进行兼容性的样式定义，以应对不同品类的频道对于页面呈现的要求，同时在与提示信息、操作浮层等其他组件模块的组合形式上，也分别进行了有针对性的，或拼接或悬浮的组合形态设计。

图 1-14 App 顶部 Bar 多场景兼容

3. 可对话性

可对话性主要体现在组件需要包含它在场景中所有有可能出现的响应状态，对产品使用中可能会出现的人机交互场景进行定义，为用户提供适时的反馈和情感关怀，如图 1-15 所示。在直播产品的设计中，我们针对直播未开始、加载直播、直播进行中和直播结束后这 4 个场景中的产品卡样式，通过设计手法进行了有针对性的场景设计，以帮助用户快速识别单条直播产品卡中所处的阶段，进而根据自身需求进行浏览或订阅等操作。

图 1-15 各直播产品卡的交互状态

4. 可拓展性

可拓展性主要体现在为每个功能模块提供后期可局部修改或设置的入口，来满足不同业务的需求，如图 1-16 所示。城市选择组件中的“当前位置”模块，就是针对酒店的业务属性特殊定制的样式。其他业务在调用城市选择组件时，可按业务特性选择“隐藏”或“出现”该模块。

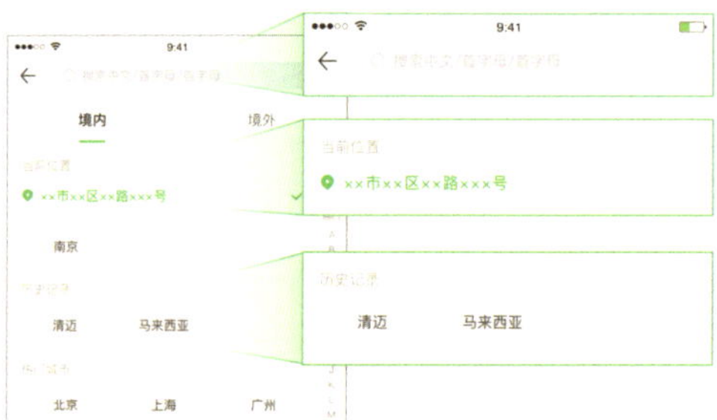

图 1-16 城市选择组件中可定义模块展示

1.3.4 如何构建组件库

当有了较为清晰的组件化理念后，面对途牛庞大的页面体量，我们又该如何协同现有的数十个业务条线来构建符合业务需求的组件库，并最终推进组件化的落地呢？这里提出以下 4 个关键点。

1. 梳理场景，提炼组件

通过对途牛数百个页面的拆解和分析，我们可以从 4 个方面对页面元素进行划分，如图 1-17 所示。

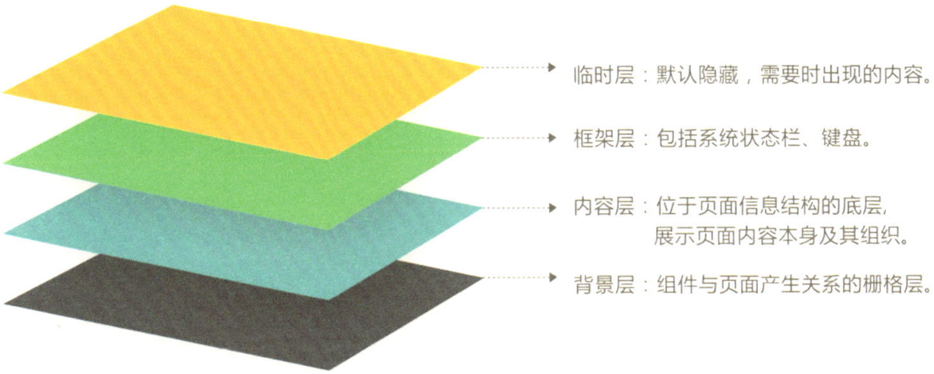

图 1-17 系统分层示意

2. 搭建模板，设定兼容标准

通过对现有业务场景信息的收集，以分子元件为单位，将原来规范指南中预先存在的导航、按钮和图片等元素依照“场景搜索→提取共性→组件封装→变量兼容”流程和模式进行组件模板的搭建，并将这些分子组件汇总至标准库。**库中的组件越来越多，设计师在搭建业务场景的效率也会越来越高。**

以“直播频道”为例。我们在场景中选择了直播产品卡作为基础组件，在提取直播业务共性后，我们发现直播产品卡主要有直播标题、浏览量、用户名称和用户头像这些共性元素。之后，我们将这些元素进行组合封装，搭建成了较基础的直播产品卡样式，如图 1-18 所示。同时，我们还为在不同状态下的产品卡变量（如直播标签、点赞数等）进行了差异化设计和显隐规则设定。

图 1-18 直播产品卡搭建原理

3. 协同前端，组件代码化

开发语言的打通是组件化设计的核心价值所在，也是组件化设计与大部分设计规范文档的区别。将组件化的视觉语言通过与前端工程师的合作转化为代码语言，运用代码的方式实现组件的兼容、组合和可复制等功能。其使用方法依实现平台而不同，组件化的开发有利于代码逻辑的耦合。

以 Vue.js 前端框架为例，使用 @tuniu/dpl-vui 进行开发，每个自定义组件由 vue 文件（组件代码）、css 文件（样式定义）、md 文件（组件文档和示例）和 spec.js 文件（单元测试用例）这 4 部分内容组成。

而在接入方式上，我们也秉持着高效复用的策略，将 babel-plugin-import、按需引入组件和导入所有组件这 3 种方式并行，为各业务的接入提供更多的便利。当将代码化的组件应用在各业务端口时，前端工程师也提供了通过 CDN 资源使用 Web 传统方式加载和 cli 脚手架模版这两种方法，以达到共同作用，协同赋能的目的。

1.3.5 项目推进中的方法

如何推动组件化在实际业务中落地，并避免新样式上线之初新旧版本混乱，也是在组件化项目后期需要解决的问题。在不影响现有版本迭代的情况下，我们采用“约束增量，改进存量”的策略，从新产品开始发力，逐步优化老产品。

不同的公司工作流程也会有所不同。这里我们同样以“途牛网”为例，简述一下在推进组件库落地的过程中我们主要用到的一些方法。

1. 保持团队目标一致

在规范组件立项之初，我们组建了一个包含产品、设计师和前端工程师在内的项目团队来致力于搭建这样一个组件系统。无论是组件模块的选择，还是样式的表现形式，都需要项目团队成员共同评估其可行性和易用性，以保证团队成员间的观念一致。

2. 选择合适的项目负责人

负责项目的人选通常以产品经理为佳。原因有两个：一是产品经理对于需求的立项更为熟悉；二是一个好的产品经理的标杆性往往更容易减少各业务线的负面情绪，增加大家对项目的认可度。当组件库的代码化阶段产出完毕，项目团队中的项目负责人（Key Man）需要及时告知各业务线，并跟进组件模块的接入工作。

项目推进是一项艰巨的任务，在项目初期需要各业务线投入精力来学习并接入组件化系统，难免会有碰壁的情况出现，因此在实际推进过程中，我们可运用以下这些方式来解决这些问题。

（1）周知业务，确认工作量

在开始进行组件化接入前，项目经理联系各业务线召开项目周知会议，推广开发好的公共组件。通过邮件、内部聊天工具等方式提供业务的文档说明和接入方式说明，并设定时间节点，收集各业务系统的问题反馈和排期计划。

（2）评估优先级，量化分解任务

根据反馈评估工作量，将组件封装进各个迭代计划分批次上线，将优先级较高的模块优先接入。

（3）跟进上线计划，测试交付节点

通过拆分的业务任务，制作清晰的交付时间计划表，如表 1-2 所示，并在时间节点前测试上线效果，确保组件持续按期上线。

需求简述	进度		908	909	910	911	912	913	914	915	916	917	918
分享组件	100%	UI:XXX	开发完成			全部替换完成							
视频播放组件	100%		开发完成	聚合详情	推广								
常旅	80%			开发完成	详情接入完成			会员接入完成	待接入其他品类				
城市选择	80%	开发完成		详情聚合推广		缺少详情、全额	待接入其他品类						
顶部bar	90%				开发完成			预计全部页面更新	迭代样式修改	开发完成	待接入其他品类		
小红点	50%	UI:XXX	开发完成	详情聚合推广					带数字样式标注完成	待接入其他品类			
顶部搜索	50%				UI：XXX			开发完成	开发完成	待接入其他品类			
底部bar	80%				UI：XXX	开发完成，首页落地	待接入其他品类						
颜色组件	100%								UI：[illegible]	开发完成：[illegible]			
缺省图	90%						UI：[illegible]	开发已排期			开发完成	接入其他品类	
banner轮播切换	0%							UI：[illegible]	开发已排期			开发完成	接入其他品类
M站顶部	50%							UI：[illegible]	开发已排期，[illegible]			[illegible]	上线
全局加载	90%							UI：[illegible]				开发进行中	预计开发完成
异常页面	20%											UI：XXX	
频道模块组件	[illegible]											UI：XXX	
列表组件	[illegible]												[illegible]
[illegible]	[illegible]		[illegible]										

表 1-2 组件上线的排期进度表

（4）上线走查和阶段调整

以版本发布为节点，测试跟进各个版本中组件的落地情况，对于没有接入组件的，及时跟进明确的上线时间，对于存在疑问的业务，需要保持有效的沟通，及时优化设计，确保方案适用。

3. 重在维护

任何项目都不是一蹴而就的，而是需要设计师适应业务的变化和节奏。在一般情况下，业务的生命周期可划分为初创期、探索期、发展期和稳定期 4 个阶段。在不同阶段，对于设计的要求和投入比会有所不同。对于组件化系统而言，当组件系统进入稳定期后，持续的迭代和优化将成为它的主旋律。为此，我们设定了虚拟的架构项目团队，并安排专人维护组件库。当组件有变化或增加时，需要及时更新，并配合前端工程师完成数据化的同步更新。

1.3.6 项目协作中的一些沉淀

作为项目的计划者和驱动者，组件化项目是设计师在驱动业务优化道路上的一次尝试。随着项目的推进，越往后设计师从中获得的经验和教训也越多。这些经验和教训和途牛平台的属性有直接关系，同时，它可以确保我们在进行大型视觉系统设计过程中少走一些弯路。对于经验和教训的积累方法，我有以下几点建议。

1. 明确目标

在多个团队协作的情况下，很可能会出现一些与产品、业务相关联的、模棱两可的选择。针对这块，在业务初创期，需要通过密集的讨论整合团队的建议和意见，制订出明确的目标和指导规则。

2. 确定性

对于需要与前端工程师同步协作的工作方式，一旦有些规范和原则得到了确定，如非必要，那么无需更改。反复的调整和修改将损耗前端工程师对于产品的信赖度，也易滋生前端工程师的负面情绪，不利于后续工作的展开。因此在每个阶段、每个环节都需要在明确目标的基础上，尽可能地减少过程中的迷失和调整。

3. 保持参与

设计师的职能在不断转变，在项目中无论是对于业务的推广普及，还是后续的跟进落地，职能的限制并不能影响设计师在项目中的参与度。即便是在项目上线以后，也需要继续保持关注，并进行适时的维护，才能让项目始终正常地运转下去。

小结

作为连接设计开发和业务的组件化设计理念，确实实现了规范化 —— 智能平台的转变，通过理念和流程的提升帮助业务，并赋能业务。这里仍旧需要申明的一点是，所有智能化的设计系统产生更多是为了减少人效的损失，将设计师和前端工程师们从日常重复性的工作中释放出来，利于我们对体验进行一些更深入的探索，但这并不意味智能时代的统一牺牲了设计师的创新性。相反地，通过对组件一致性和灵活性的兼容，可以让设计师有更多时间专注于创新能力和跨界能力的提升，赋能业务，促进商业转化，逐步帮助设计师实现从 UI 到 UXD（全能设计）的进化。

1.4 动效：流动的创意

△ 文 / 陈鹏辉

随着手机性能的不断提升和各大互联网公司对用户体验重视程度的提高，越来越多的动效进入大家的视野。动效设计作为交互设计的重要部分，无疑让大家的视觉体验得到大大的提升。

1.4.1 动效的诱惑

Web 动画先驱与倡导者 Rachel Nabors 曾在一项对照研究中发现，尽管动效的页面加载需要更长的时间，但是动效网站在用户认知时间上却大大超过了普通网站。由此也证明：好的动效在提升界面交互认知效率、提高用户体验方面具有非常重要的意义。

目前，动效的应用主要表现在以下 4 个方面。

1. 品牌建设

品牌建设对于公司发展来说至关重要。给产品打上品牌烙印，能够建立起用户对品牌的感知和信赖。在局部的动效设计中，我们可以结合情感化场景片段，将符号化的品牌语言加以提炼和融入，在增加品牌呈现机会的同时，加深用户对品牌的印象，如图 1-19 所示。

图 1-19 品牌语言提炼

2. 传递交互细节

动效可以帮助用户理清当前页面的层级结构，建立起相应的视觉关系。其中最常见的应用就是页面切换。与 PC 端相比，移动端没有面包屑导航，甚至大多关联界面的 Topbar 都是相似的。那么，如何帮助用户明确当前的层级位置呢？在 iOS 规范和 Material Design（谷歌推出的一种全新的设计语言）中，子页面定义了弹窗在内的子页面的进场、出场方向，这种细微、自然和指明性强的动效交互细节等内容，给予了用户充分的暗示。

提示

"面包屑导航（Breadcrumb Navigation）"这个概念来自于童话故事"汉赛尔和格莱特"。当汉赛尔和格莱特穿过森林时，不小心迷路了，这时候他们发现在沿途走过的地方都被人撒有面包屑。之后，他们通过些面包屑帮助自己找到了回家的路。在这里，面包屑导航的作用是告诉访问者他们目前在网站中的位置和如何返回的方法。

3. 产品功能呈现

功能性动效能够帮助用户更快地理解产品的功能，让用户像看电影一样紧扣 App 的故事流，并沉浸其中。例如，App 启动页经常会采用动效的方法告知用户新的更新点，以此带动用户去体验新功能。

4. 情感化载体

通常情况下，如果用户在 3 秒内没有收到操作反馈，那么他就会在不确定时长的等待过程中选择退出或关闭应用。因此在刷新和加载过程中，除了要提示用户"应用正在运行"以外，还需要给用户呈现目前的加载速度和剩余加载时长等这些交互细节，且通过趣味的视觉层面上的情感化创作去引导用户转移等待的注意力，安抚用户的情绪，避免用户因漫长的等待而产生负面情绪。

1.4.2 动效的趣味

1. 给平淡加点“料”

迪士尼动画大师乃特维克曾说过：“动画的一切皆在于时间点和空间幅度。”我们需要去打磨“时间点”和“空间幅度”的动效细节。例如，如果我们赋予动效元素引力和惯性、速度和刚度等所有物理世界所具备的变化属性，那么就能让用户产生与物理世界高度趋向的熟悉感，达到快速养成用户使用习惯的目的。

上边说到的“时间点”，是指动画的节奏和运动速率上的韵律变化。动画的节奏需要根据画面需求来进行，而在元素的运动速率上，我们也可以充分发掘更多的可能。在元素属性变化上，我们除了可以选择匀速运动方式外，还可以选择变速运动（如缓动效果、弹性效果等）方式，如图 1-20 所示。

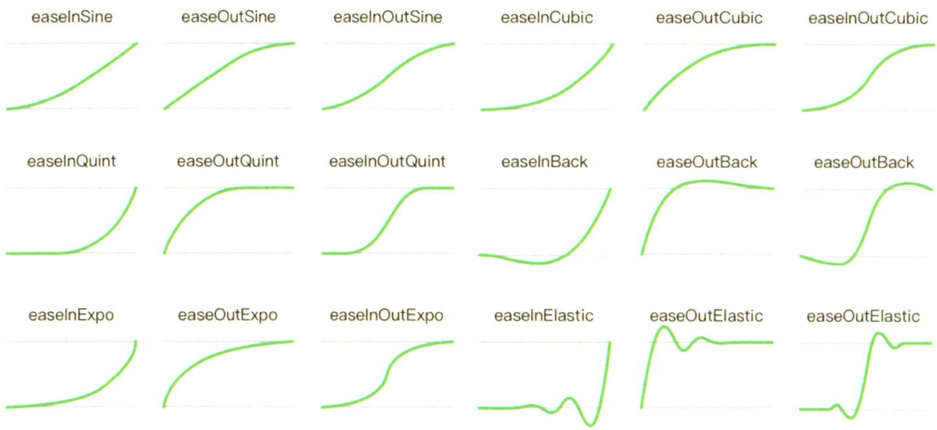

图 1-20 部分速率曲线示意图（注：理论来自皮埃尔 · 贝塞尔于 1962 年发表的贝塞尔曲线）

上边说到的“空间幅度”，包括位移、大小、形状、旋转、颜色和透明度等元素基本属性方面的变化。例如，位移属性可以是二维空间上的 x 轴、y 轴方面的变化，也可以是三维空间上 x 轴、y 轴和 z 轴的变化，甚至是摄像机视角下的镜头感十足的推拉摇移。

元素各属性之间可以相互组合搭配，我们可以通过空间、时间和关系维度上的变化，制作出非常细腻的且有层次感的动画效果。

早期的牛头加载 1.0 版本是比较简单的匀速运动，平淡乏味，如图 1-21 所示。由于牛头上的

“牛角”和“牛耳”部分路径细节过多，在绿点匀速运动到牛头部分时，视觉上会感到明显的卡顿。

图 1-21 牛头加载 1.0 部分片段

在设计 2.0 版本的时候，我们对牛头部分的动画速率进行了调整，这样整体呈现上会更自然流畅，且节奏感也得到了提升，如图 1-22 所示。

图 1-22 牛头加载 2.0 部分片段

除此之外，我们还尝试将品牌中的绿色和橙色融入其中，通过延时手段，增添动画的趣味性，如图 1-23 所示。

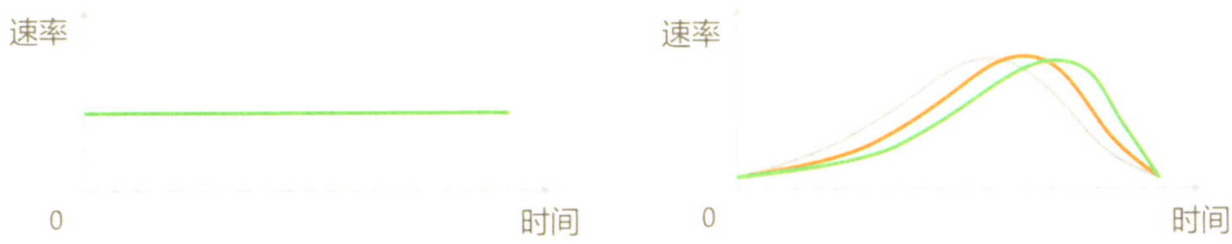

图 1-23 加载速率变化

2. 满足用户的感情需求

情感化设计是指在抓住用户吸引力，诱发其有意识的或无意识的情绪反应时，提高执行特定行为的可能性的设计。

唐纳德·诺曼在《情感化设计》一书中阐述了情感在设计中所处的重要地位与作用，并从本能层、行为层和反思层 3 个层面分析了用户的情感化特征。就 App 设计而言，在本能层上加强视觉体验，感染用户情绪；在行为层上对用户操作进行积极反馈，引导用户情绪；在反思层上通过对内容的筛选整理，提升用户对产品的认知，如图 1-24 所示。

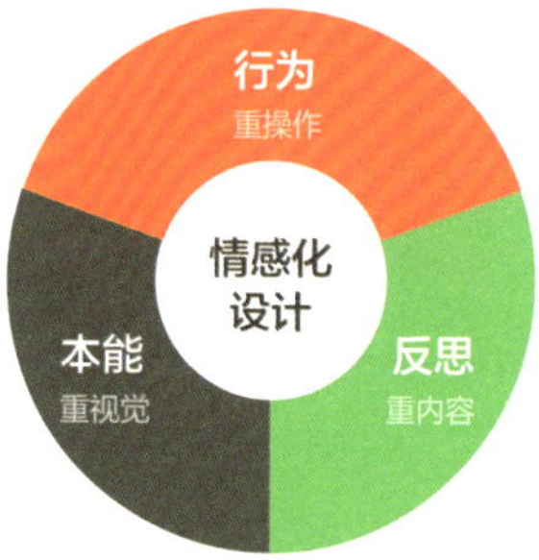

图 1-24 情感化设计融入的 3 个层面

动效作为用户感知很强的视觉元素，不管是在本能层、行为层上，还是在反思层上，能植入的情感化设计是很多的。图 1-25 所示的“下拉刷新”页面中，我们通过增加一些符合业务特征的场景元素，在一定程度上调动了用户的体验情绪。

图 1-25 下拉加载的情感化表达

提示

需要注意的是，情感化设计只有在符合用户的普遍认知的情况下，才能引导用户产生正向情绪。

3. 延展品牌基因

国际品牌研究者大卫·艾克教授的“品牌识别理论”体系中将品牌识别系统的整个实施流程拆分为“定义品牌识别 (Defining Brand Identities)→建立和用户的关系 (Establishing Relationship Based On Customer Value Proposition)→品牌形象的传播 (Communicating the Brand Image)→用户体验 (Customer Experience)”。

由此可见，作为品牌与用户之间的直接和主要渠道的产品，用户对其的情感体验很容易引起用户的情绪反应，继而将体验标签直接与产品品牌关联。具体到产品动效而言，其丰富的视觉创意可能在扩展品牌外延、加强品牌和用户情感关系方面有着得天独厚的优势。因此，设计师可以将品牌化的动效渗透于产品之间，定义用户的品牌感受。

在日常设计过程当中，我们在情感化设计方面，结合了一些“节日”和“大促”等特殊时间节点，并进行了尝试和探索。例如，在中秋节和途牛 10 周年庆的时候，我们会在网站静态 Logo 位置推出一些符合品牌调性的 Doodle 动画，以此传递给用户一种活泼、青春和友好的品牌形象，如图 1-26 所示。

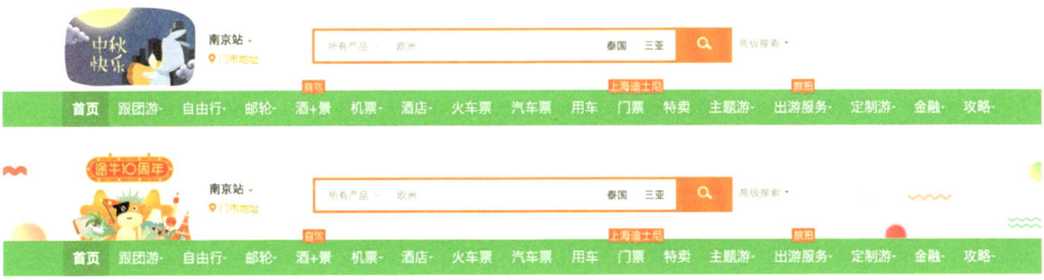

图 1-26 节日 Doodle 动画

1.4.3 动效设计的“取舍”法则

1. 体验优先

加瑞特在他的《用户体验的要素》一书中提到：“用户体验是指产品如何与外界发生联系，并发挥作用。简单地说，就是指人们如何接触和使用产品。”由此我们可以看出，用户体验的主体是用户，对象是产品，关键在于用户接触和使用产品过程中所建立的感受。感受是主观的，因此在动效设计的时候要合理设计感知。

实际上，产品越复杂，确定如何向用户提供良好的用户体验就越困难。在实际的产品使用场景中，每增加一个新特性、功能或步骤，也就增加了让用户产生不良体验的机会。因此，除了从产品角度梳理好功能的结构和布局以外，在动效设计方面，要以用户的操作体验优先，以符合目标用户的认知和习惯为目标，不能过于前卫和花哨，为了标新立异而“炫技”的做法是不可取的。在功能性优先的应用中，要综合考量动效的必要性，避免过多的动画影响到功能任务的加载。同时动效要避免过长，过长的动效会放大用户等待的焦虑情绪。通常，动效的记载时长不超过一秒。当用户沉浸在内容中的时候，要避免动效过于明显，分散用户注意力，引起用户的反感，如图 1-27 所示。

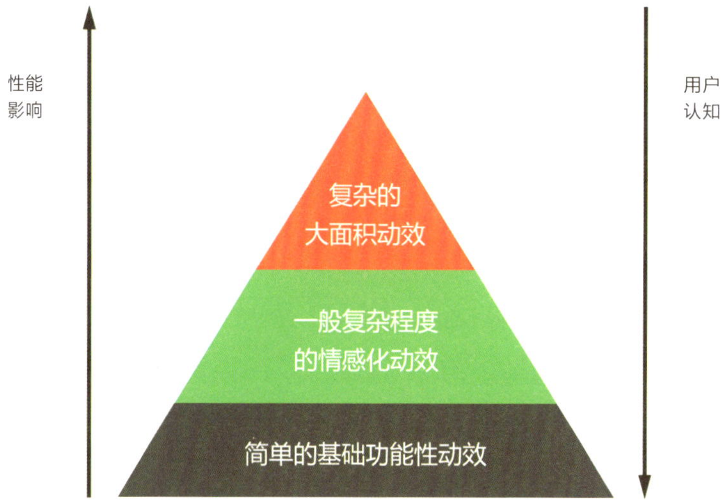

图 1-27 动效复杂程度对性能和用户认知的影响

2. 保证流畅

用户体验应该是顺畅的，让用户沉浸其中。如果画面切换时幅度过大或过快，那么就会中断用户的连贯体验，视觉上的撕裂会使用户产生一种跳出感，带来不好的用户评价。因此，在设计前后反差动效时候，要充分运用位置、大小和透明度等基本属性，打磨好画面的过渡效果。

除此之外，还应充分考虑帧速和加载情况。众所周知，现在通行的视频制式有 PAL 制和 NTSC 制。在帧速上，PAL 制流畅播放的速度是 25 帧 / 秒，NTSC 制是 30 帧 / 秒。也就是说，当画面帧速达到 25 帧 / 秒时，人眼能感知的画面是连贯的；当帧速越来越慢时，人眼就能明显感知到画面的卡顿。而在动效设计中，帧数的增加意味着性能的降低。

因此，受条件所限，在制作 GIF、PNG 序列等图像资源动画时需要特别注意流畅性的问题。但这并不意味着动画的流畅度没有办法提高了。使用 Lottie 动画，就能在不影响性能的情况下，通过增加帧数的方式来提高动画的流畅度。

1.4.4 Lottie动画库：体验轻松做动画的乐趣

1. Lottie 的优势

对于设计师和前端工程师而言，在动效的设计上，衔接这块会显得非常重要。举个例子，如果设计师将动效设计得过于复杂，那么前端工程师很可能无法将其实现，即便是前端工程师花费很大的时间成本将其实现了，但是最终视觉效果与设计师的方案也可能会存在一定的偏差。

那么，如何才能打通设计师和前端工程师在动效方面的协作困局呢？这里给大家推荐一个很好用的动画库 Lottie。Lottie 是最近由 Airbnb 开源的动画项目，其工作原理是先通过 After Effects 生成 JSON 动画文件，然后利用 Lottie 动画库的调用，最后展现出真实的动效。

相较于 PNG 序列帧和 GIF 动画，JSON 动画的使用优势主要有以下 4 点。

第 1 点：仅通过一个 JSON 文件就可以实现动效输出，极大地降低了文件量。

第 2 点：基于 SVG 的 JSON 动效，提高了动画的流畅度，增强了画质。

第 3 点：支持 Android、iOS 和 ReactNaitve 这 3 个平台，解决了跨平台适配问题。

第 4 点：方便直接调用，减少了开发难度，甚至能通过 API 控制动画播放等。

JSON 动画与 PNG 序列帧、GIF 动画的使用对比情况分析如表 1-3 所示。

	图片倍数	文件量	视觉效果			开发		
			噪点及色差	Alpha通道支持	流畅度	开发难度	加载速度	动画控制
PNG序列帧	@3x	24kb	无	优	一般	一般	一般	支持
GIF	@3x	15kb	有	差	一般	简单	一般	否
JSON动画	-	6kb	无	优	优	简单	快	支持

表 1-3 JSON 动画与 PNG 序列帧、GIF 比较

因此，通过 Lottie 创建的 JSON 动画有望替代 GIF、PNG 序列帧动画等相对落后的动画输出方式。目前，Airbnb 已率先将这种动画方式应用到 App 中，给我们提供了不少的参考案例，如表 1-4 所示。

形状	Android	iOS
形状路径	○	○
组	○	○
修剪路径	○	○
填充	**Android**	**iOS**
颜色	○	○
不透明度	○	○
描边	**Android**	**iOS**
颜色	○	○
不透明度	○	○
描边宽度	○	○
线段端点	○	○
线段连接	○	○
尖角限制	○	○
虚线	○	○
描边渐变	○	⊖
变换	**Android**	**iOS**
位置(X/Y)	○	○
位置(X/Y/Z)	⊖	⊖
缩放	○	○
旋转	○	○
锚点	○	○
不透明度	○	○
父级	○	○

插值	Android	iOS
线性	○	○
贝塞尔曲线	○	○
连续贝塞尔曲线	○	○
自动贝塞尔曲线	○	○
定格	○	○
蒙版	**Android**	**iOS**
蒙版路径	○	○
蒙版羽化	○	○
蒙版相加	○	○
蒙版相减	○	○
模式	**Android**	**iOS**
模板Alpha	○	○
轮廓Alpha	○	⊖
文字	**Android**	**iOS**
源文本	○	⊖
字体	○	⊖
变换	○	⊖
填充和描边	○	⊖
其他	**Android**	**iOS**
表达式	⊖	⊖
预合成	○	○
图片	○	○
时间伸缩	○	⊖

表 1-4 Lottie 已支持的 After Effects 基础属性

2. 如何使用 Lottie

目前，Lottie仅支持 After Effects 这一设计工具，且动效的制作也在 After Effects 中完成。在最后，我们可以借助 Bodymovin 插件将动效中的视觉元素转成包含代码元素的 JSON 文件，如图 1-28 所示。

图 1-28 JSON 动画制作流程

在一些日常的直播 App 中，我们会看到不少的关于 Lottie 动画的应用，这里以“点赞”效果为例。在制作这个效果时，我们需要在 After Effects 里面完成该动效各元素的动作，如图 1-29 所示。

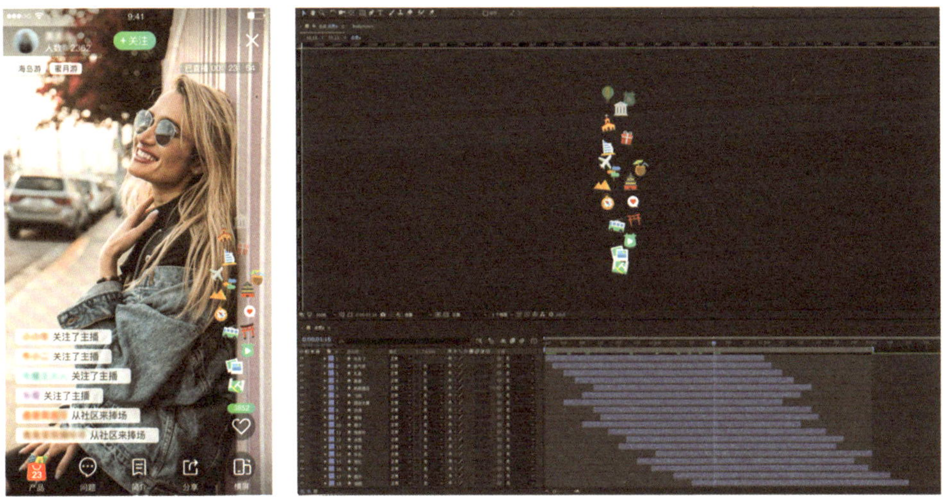

图 1-29 点赞效果制作

在动效元素制作完成后，直接打开 Bodymovin 插件面板，选择对应的输出方式，就能得到 JSON 动画文件，如图 1-30 所示。

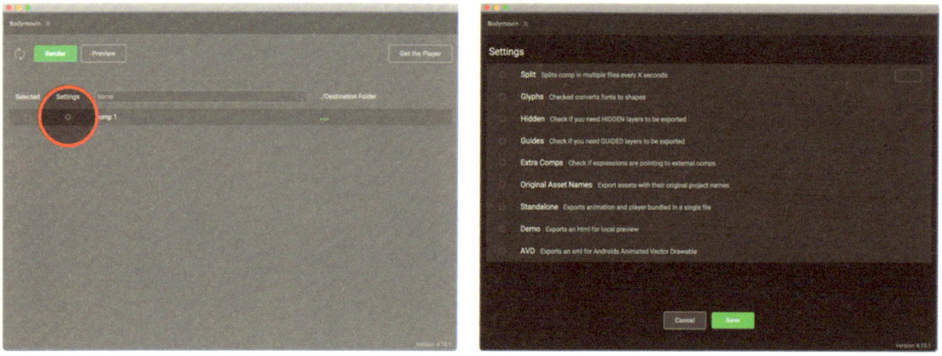

图 1-30 Bodymovin 插件输出面板

提示

JSON 文件制作虽然门槛很低，但并不意味着输出 JSON 文件后就大功告成。由于目前 Lottie 动画库还在完善中，包括 Bodymovin 插件也在不断地迭代优化，因此在实际的制作中总还是有一些问题需要我们注意。例如，目前 Lottie 支持 After Effects 中的基本图层属性，包括锚点、位置、缩放、旋转、透明度、路径、修建路径、描边、填充、关键帧插值和父子级图层关系等。但对于渐变、形状的布尔运算、Alpha 蒙版和大部分系统自带的或第三方的特效插件，Lottie 并不能完全读取相关的数据，因此我们需要在制作过程中去变通，绕过这些"坑"。否则，如果等到测试中出现糟糕效果的时候再去排查，那么就会损耗掉我们大量的时间和精力。

在测试工具方面，现在也有了很多选择。除了手机端的 Lottie Preview 外，还有集 LottieFiles 素材库和测试工具于一身的网站平台，都给了我们更快速、更方便地检验动画效果的途径。

不可否认的是，Lottie 称不上是一个完美的动画库。但是在对比 Facebook 的 Rebound 动画库之后，Lottie 也算是相当强大了，并且能够满足目前 App 中所需要的动效设计的需求。而目前设计师所需要做的，则是把更多的精力放在产品的融合和创意方面，毕竟这才是我们做动效设计的真实意义。

小结

在硬件设备性能不断提高的情况下，动效不应该再被简单理解为界面的"华丽点缀"。面对界面设计日趋同质化的现象，如何合理又巧妙地运用动效，使自己的设计能够脱颖而出，甚至能够合理地引导用户习惯，是每个设计师需要不断思考的问题。

第 2 章

赋能——商业生态

2.1 行业细分下的品牌服务构建

△ 文 / 王怡

在 PC 时代，传统行业以技术、功能和内容作为驱动力，对企业的品牌构建的意识相对较薄弱。随着移动互联网时代的到来，服务的更新频率、迭代化的开发速度加快，互联网行业间歇性地出现扎堆式的创业热潮。简单地说，就是当一个创业风口才刚刚出现的时候，在下一刻我们的生活就已经被雨后春笋般涌现的相似产品所侵占了。在这种快节奏的迭代环境中，用户的选择空间就变得更大了，其对品牌和产品的要求也会变得越来越高。

这种需求升级、消费者升级的发展环境对旅游行业有着很大的影响。多方资本积极投入在线旅游市场，试图在这个精神娱乐的时代下分得一杯羹，而作为互联网体系中较为烦琐的旅游业，依旧存在着同质化严重、服务周期长、消费频次低和组合方式多等问题。如何依托产品、销售和服务过程中的重塑，增强产品声量，从而树立企业特有的品牌体系，如何抓取用户痛点进行行业细分，更好地帮助用户打破时间上和空间上的壁垒等，都是企业在这个时代下必须面临的难点，也是作为设计师的我们需要着重解决的体验问题。

2.1.1 OTA模式下的品牌构建特性

与传统互联网行业中的品牌构建方式不同，旅游作为一个低频次、高消费的行业，有着其独特的行业特性。在品牌构建过程中，我们需要围绕以下这些特性进行设计。

1. 用户是品牌设计的内核

品牌设计的最终目标是实现品牌的声量和销量，这也是衡量一个品牌成功与否的标准。而实现这两者的基础都依赖于用户的传播力与购买力。因此，品牌设计应始终做到“以人为本”，在解决用户诉求的基础上进行品牌服务的设计延展。“以用户为中心”的内核与用户体验设计的本质也是相通的。

2. 全场景的品牌渗透

目前，服务周期长和服务场景多样化已经成为 OTA 产品的两大特色，这更加要求设计师随时关注用户在不同阶段下的体验问题。无论是线上浏览过程中产品线路的内容丰富度、购买流程的顺畅度，还是线下旅途中导游的服务质量、住宿的舒适度等，都有可能直接影响用户对整个品牌质感的认知，继而影响到整个品牌形象的塑造。

3. 贯穿始终的服务设计理念

旅游业是一个服务属性较强的领域，要想在缺少服务标准的行业现状中构建品牌特性，传达品牌质感，设计师需要在产品规划中拥有全局规划的设计统筹，秉持着“细微处彰显服务设计”的理念，如图 2-1 所示。《This is Service Design Thinking》(《服务策划思路》) 一书中提到的“多方共同参与创建”“把握有序的服务设计节奏”和“适时展现无形的服务”理念都是我们在 OTA 品牌设计中需要注意的点。

图 2-1 OTA 模式下的品牌构建特性

2.1.2 如何构建符合业务特性的产品品牌

途牛网作为较早拥抱互联网，并在休闲度假市场占据优势的互联网企业平台，一直在不断拓展自己的业务模式，以应对不断变化的用户和市场需求。

从较早的跟团游业务开始，途牛网已经发展了自助游、邮轮、机票、酒店和定制游等近 50 条业务线。这其中，既有在行业细分下打造的特色品牌（如“牛人专线”“瓜果亲子游”和“乐开花爸妈游”等），又有基于消费者节日营销的旅游 IP（如“323 旅游节”“周四特卖日”和“周年庆”等）。面对如此多样性的业务特性，我们需要站在用户的角度思辨业务，用专业助力业务发展，整合出一套系统的品牌构建策略，如此才能更好地打通线上和线下的服务设计，如图 2-2 所示。

图 2-2 途牛品牌生态构建方法

1. 洞察行业现状，深挖用户痛点

近年来，随着我国经济的快速发展，人们对精神娱乐的投入越来越多，旅游市场增长的广度和强度在今后仍会不断扩张。在互联网时代下，中国的旅行消费者面临着前所未有的丰富选择，但市场同质化严重，市场并没有很好地针对不同类别的出游人群进行服务的细分。

就“跟团游”而言，被各类媒体报道出的种种痛点，让越来越多的用户对于跟团出行心存疑虑，如图 2-3 所示。不管用户出游经验的多少，当他们产生了“跟团游”需求，寻找一款可信任、高品质的产品来保障出游体验都是一件比较困难的事。

图 2-3 “跟团游”乱象

2. 构建业务设计策略

正是抓住了上述目标用户的痛点，途牛网充分发挥了自身在跟团游市场深耕多年的品牌优势。2009 年伊始，“牛人专线”作为公司对于行业细分中的一次布局的尝试应运而生。它定位于出游体验需求升级的跟团用户，通过提升导游服务、无强制消费和入住指定酒店等创新性服务，在提高旅游者体验的同时，保证服务质量的双重升级。

在设计前期，我们通过图 2-4 所示的行业设计的研究方法，协助公司深挖品牌目标群体，通过用户访谈、竞品分析和头脑风暴等多种手段，寻求品牌立足点和差异点，帮助业务梳理品牌目标。

图 2-4 行业研究方法

3. 品牌形象基调定位

通过品牌目标的确立，我们了解到公司对于新品牌的定位是针对消费者跟团出行的体验升级。

同样以“牛人专线”为例。在进行定量和定性的研究之后，我们在牛人专线的品牌定位上提炼出 3 个关键词，即“专业”“畅游”和“伙伴”，如图 2-5 所示。“专业”代表我们的能力 —— 质量把关、产品筛选、提升服务和让用户旅游无后顾之忧；“畅游”代表我们的承诺 —— 提供轻松简单、更舒适的出游体验；“伙伴”代表我们的态度 —— 始终秉持轻松便捷、贴心体验的服务态度。

图 2-5 品牌关键词头脑风暴过程

2.1.3 品牌视觉呈现策略

品牌视觉语言是品牌理念的具体表现，对用户来说也是一个比较直观和有效的接触媒介。“牛人专线”作为整个途牛品牌体系中的一次升级战略，承担着与母品牌不同的业务诉求。在其品牌语言系统的建立中，有两个需要注意的要点。

1. 宏观规划——子品牌的传承与延展

基于 BAV 模型的观点，我们在牛人专线品牌的设计过程中，坚持了相关性、差异性和延展性的原则。

（1）相关性

在色彩层面，我们重新提炼并传承了途牛已有的橙色和绿色，作为品牌的主色调。一方面延续了母品牌的品牌基因，另一方面也能以已经被用户记忆的母品牌色系作为基础，通过背书品牌的影响，增加用户对子品牌的感知和认可，以便更容易地获取用户对于子品牌的信任度，如图 2-6 所示。

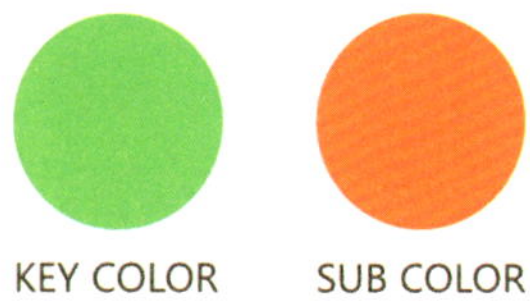

图 2-6 牛人专线品牌色

（2）差异性

为了体现品牌升级的理念，同时在传承的基础上突显牛人专线的产品理念，让品牌脱颖而出，我们在字体设计上，选用了更具有向上感的斜体中文，来体现品牌“跟团出行的体验升级”的理念，线条的连接也展现了我们连接用户、出行全程的服务与运营理念，如图 2-7 所示。这种视觉手法，凸显了品牌的个性，也将产品理念直接传达给了用户。

图 2-7 牛人专线品牌 Logo

图 2-7 牛人专线品牌 Logo（续）

（3）延展性

常见的品牌识别体系大都包含品牌名称、Logo、Slogan、品牌色、图形和线下物料等视觉内容，这些视觉语言共同构成了整个品牌的 DNA，对于强化品牌认知，形成强有力的独特的品牌联想都有着较为积极的意义。因而，在各场景和物料的延展应用中，我们也需要始终将品牌基因作为基础视觉符号贯穿到各个业务场景中，如图 2-8 所示。

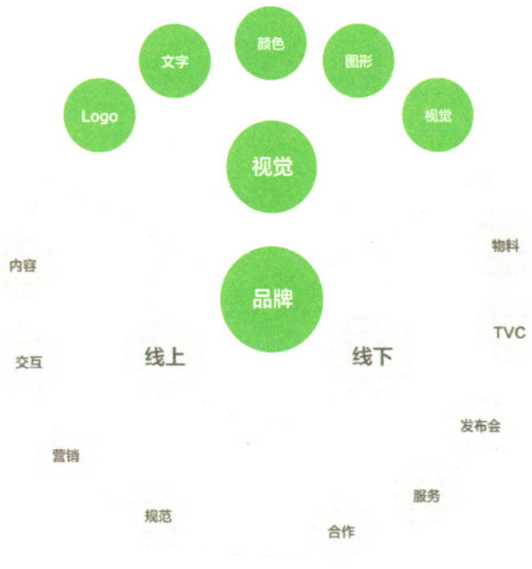

图 2-8 品牌线上线下应用场景

2. 微观感知——全链路体验设计

品牌识别体系能在品牌与用户接触的初期，为用户留下记忆，进而让用户对产品内容产生相应的信赖感和兴趣驱动力。当用户真正接触到整个品牌之后，如何针对用户与品牌的每个行动触点进行差异化设计呢？这时候，设计师需要完成品牌在用户出行中各个环节的传达，并一步步引导用户，将用户的兴趣转化为购买行动，如表 2-1 所示。这也是衡量一个品牌能否实现其商业价值的标准。

		01 产生需求	02 收集信息，确认需求	03 挑选商品	04 购买决策	05 购买后行为（旅行中）	06 旅行归来
任务分析	决策路径	浏览UGC内容种草 朋友圈晒图种草 OTA促销活动种草 有旅行冲动 时间、金钱	浏览热门目的地 了解特色景点 大致规划行程 关注机酒特价信息 关注线路信息 联系朋友了解	比较打包产品价格 比较OTA单资源价格	预订机票 预订住宿 预订门票 购买交通 下载App 查询天气	交通到达 附近景点 分享动态 了解景点 附近美食 附近美食	结算金额 发表游记 分发特产 打印纪念册
用户行为与心智模型	需求	出门旅行	确定目的地 制定想去的景点旅行攻略	确定最佳目的地方案：跟团/自助/自由行 估算总预算	确定旅行中所需产品的购买	旅行中玩的轻松自在 吃到好吃的美食 游玩特色的项目 朋友圈实时同步旅行状态 购买特产	分享 获得认可 保鲜记忆
	行为	· 无计划：浏览过程中产生旅行冲动 · 有计划：在时间、金钱富余的情况实现 · 有目标：已做攻略，有明确的消费目标	· 浏览热门目的地 · 浏览想去目的地OTA游记，了解景点 · 关注机酒特价 · 关注旅游线路 · 向朋友咨询	· 全网筛选比价，估算旅行花费 · 比较打包&单资源价格，估算旅行花费	· 准备假期，确定出游时间 · 确定行程中每个项目的预订购买 · 准备签证，为特色项目准备材料 · 购买机票、酒店等当地玩乐产品 · 购买旅行必需品	· 查看订单状态 · 了解当日行程安排 · 了解次日行程安排 · 了解行程中的吃、住、行 · 发布旅行中分享实时动态	· 编写游记发表 · 结算花费金额 · 打印纪念册 · 分发特产
	感受	· 单身情况下旅伴难找 · 与朋友的请假时间保持一致	· 平台的热推线路，很多都不适合当前状态 · 游记大都以图为主，描述空洞，信息不明 · 特卖产品分类杂乱，出发城市不可更改 · 信息很多，需要耐心寻找想去的门类	· 跟团游中的行程规划比较好,有一定的参考性 · 携程&booking的同酒店收费单价差额大	· 多平台预订后无法汇总所有平台订单 · 多人旅行决策时分享多条线路讨论流程烦琐 · 主观缺乏安全感，犹豫不决	· 旅途中寻找个性化行程时间紧张，追求效率 · 修图太累，没有时间发状态	· 编辑一份多平台发布 · 想要晒照的方式更加与众不同
产品体验分析	频率						
	痛点	· 懒 · 怎么利用节假日请假日实现连休 · 请假难	· OTA平台线路同质性强，难以区分 · 景点介绍分散，不够全面 · 游记浏览效率低，特色行程难觅 · 担心海外自由行难度	· 目前全网比价旅游产品的市场空白，用户需要靠自己多端比较，较为烦琐 · 跟团游行程与自助游行程间没有共同的玩法推荐	· 缺乏平台整合多家OTA订单信息，效率低 · 无平台比价全部OTA线路差异 · 多人协作计划时沟通不流畅	· 馋。除非特别预订的，旅途餐饮更注重当地推荐 · 旅行中寻找景点的方式需要更简化	引导用户留下旅途的记录
	设计发力点	对已关注目的地的用户进行个性化推荐/订阅优惠 节假日推送请假宝典及特价活动，刺激消费 提升玩法、榜单等UGC质量，激发消费冲动	平衡丰富性与高效性，合理规划，一级信息 提炼关键信息，融入品牌基因，差异化 优化评论/推荐，难点直达，打消用户疑虑	提炼优秀的跟团线路规划，作为玩法的推荐 体现平台价格优势，用资源特色留住用户 高质量的图片，信息内容的设计	打包多资源，套餐推荐，实现快速下单 引导用户同步订单信息至行程玩法，生成线路集 社交群组功能完善，贡献多资源，评价优先级	针对当前poi，对用户不同时段行程进行针对的推送 行程玩法重点服务当日活动，提醒次日，智能预警变化 打造特色动态修图功能，体现个性，促进用户回流	简化发表难度，整合旅图中微游记内容 为用户操作增加精神/利益驱动 提供途牛特色回忆，打造全链路的品牌体验

表 2-1 用户出行体验流程示意图

在此阶段，我们主要的设计目标集中在以下两点。

第 1 点：提升品牌好感度，增强用户黏性。

根据 AIDS 兴趣模型可知，当用户成功被品牌吸引之后，我们需要提升目标用户对品牌的兴趣，因而在品牌介绍页的信息呈现上，需要利用“品牌理念包装”和“放大用户痛点”两个手段，通过品牌背书和品牌理念的包装，利用途牛母品牌已有的公信力，明确品牌卖点（如“铁定成团”“无强制消费”等），提升用户对品牌的信赖度。放大用户在跟团出行中的“痛点”，既能用感同身受的方式拉近产品与用户间的沟通距离；又能强烈激发用户对高性价比跟团游服务的欲望。

第 2 点：深化购买路径，提升内容触达效率。

在出游服务中，产品线路是“牛人专线”品牌的主要载体，产品线路在各个阶段对于品牌信息的露出广度和强度都将直接影响到用户决策。

从广度上来说，用户与产品线路高频交互的接触点主要有首页、频道、列表、详情和下单。当用户需要对产品信息进行筛选时，有意识地将牛人专线认证过的跟团游产品线路区别于其他产品，并进行标识强化处理，就是设计师洞见的品牌机遇点。而对于牛人专线品牌具有强诉求的用户，牛人专线在双端首页均有作为独立的频道的入口，同时列表页也有提供“牛人专线”标签的筛选项，通过交互功能的优化，帮助用户快速整合品牌线路，高效筛选出更有价值的信息。

从强度上来说，用户在首页、频道和列表的场景中，对产品线路的筛选需求只是初级筛选。而当进入详情页场景时，关于产品信息的内容强度和质量就显得至关重要，如图 2-9 所示。因此在设计中，我们需要在这个场景中了解用户需求和环境，洞见用户动机，为用户提供合适的品牌传达方案，有针对性地对牛人专线进行品牌强包装，并为并不熟悉牛人专线品牌的用户提供品牌诠释和选择，帮助用户进行信息获取，进而达成购买决策，满足不同场景下的用户诉求。

图 2-9 品牌全链路露出强度

2.1.4 品牌服务的统合

在前期研究中，通过剖析目标用户出行体验地图中的每个阶段的问题，我们可以有效地解决用户在在线场景（如网页浏览、手机端浏览等）中的体验问题，完成用户从产生欲望到最终下单这个环节中的体验升级。但是，如果品牌的服务范围仅仅停留在线上场景上，那么从旅游业务上来看显然是远远不够的。

不同于传统电商行业的实体交易，旅游作为虚拟交易的一种分支，没有实体商品可以提供给用户，用户完成购买决策之后才是一段旅程真正的开始。特别是跟团游，更加依赖线路体验过程的服务质量，旅程中的感受往往决定了用户对整个品牌的最终印象。只有完善线下服务，打造品牌触达“最后一公里”的体验，才能实现整个品牌线上到线下场景的闭环。

为此，对于用户在线下场景中的体验问题，我们着重在场景设计上和服务设计上进行优化。

1. 线下场景设计

与线上设计不同，线下场景更为复杂。因为物理距离的增加会导致品牌信息传达力度的减弱，因此，在用户注意力更为分散，且容易被干扰的情况下，我们更加需要遵循线下设计中直观、强烈和灵活的特点，加强对线下品牌氛围的渲染和推广。

在物料设计上，我们运用简洁且具有品牌识别度的视觉元素来打造“跟团大巴”“团旗”和“导游服装”等物料样式。在表现手法上，我们通过强化品牌 Logo 牛宝形象，并大面积使用品牌颜色等手段，帮助用户在复杂多变的旅游环境中能够快速识别品牌，并精准定位，如图 2-10 所示。

在设计手段上，我们以平面印刷的色彩体系及矢量绘图的方式，最大化地还原品牌色彩饱和度，并设定线下物料设计规范，灵活应对不同承载物下的品牌物料拓展，统一对外视觉语言。

图 2-10 线下牛人专线相关物料设计

2. 服务流程设计

导游服务作为牛人专线品牌的主力卖点，在旅程中直接代表着企业的形象，因此在品牌构建时，我们结合品牌理念和线下服务流程，对导游进行了相应的品牌培训，如图 2-11 所示。

图 2-11 导游服务人员组建要求

而历来难以进行品控的服务，也依靠用户评价系统的引入，对品质进行强力把控，一旦线路评价低于 95%，立马下线整改。这种以数据量化来驱动线下服务提升的方法，很大程度上保障了线下品牌服务的质量，在提升品牌好感度的同时，也实现了品牌链路的体验升级，如图 2-12 所示。

图 2-12 牛人专线线路评价标准

小结

截至 2017 年底，“牛人专线”累计服务人次达 400 万，产品综合满意度高达 96%，助力途牛网在跟团游市场稳居行业前列。

对于 OTA 行业细分下的品牌构建而言，其关键在于品牌识别体系的简历和服务设计理念的统合。牛人专线品牌的成功无疑为我们奏响了在旅游升级时代下的第一个乐章，其构建过程中的体验策略和业务布局也为我们后续的“瓜果亲子游”“乐开花爸妈游”等品牌的建立提供了范本。随着越来越完备的品牌体系的建立，途牛品牌生态也会越来越完善。

2.2 S级促销活动的项目设计与管理

△ 文 / 石婕

提起“促销”这个概念，大家应该都很熟悉。每年从线上到线下，五花八门的促销广告层出不穷地出现在我们的生活当中，且这些优惠活动也容易让大家眼花缭乱。自线上购物普及后，通过“造节”刺激销售的现象屡见不鲜。每年的 11 月 11 日原本是网友自嘲的“光棍节”，通过运用噱头，原始的目的是刺激单身用户的消费，最终演变为目前大家都习以为常的促销活动。媲美闻名遐迩的年末假日购物季 “黑色星期五”，“6 · 18”如今也成了京东大型促销活动的固定日期。

2.2.1 营销设计的大趋势

是什么让电商平台们乐此不疲地开展各种促销活动呢？我想主要有以下 3 个方面的原因。

1. 用户与商业的互利

以 2017 年天猫“双十一”活动当天的交易额来看，最终收官的 1682 亿相较去年又有了大幅度的提升，在这个“全民狂欢”的购物节中，消费者在平台收获消费快感，并获取实惠，商家通过节日化的营销活动与用户达成互动交流，最终转化为商业价值，帮助企业在相对疲软的消费市场中获取继续前行的动力。这种“共赢”的生存状态是营销活动在商业生态中生生不息的基石。

2. 提高品牌知名度

对于企业而言，大型促销活动也是一次难得的品牌宣传。众多原本并未关注到该品牌的人群，或者原本对这些品牌没有深入了解的人群，因为铺天盖地的促销宣传而被吸引并投入关注，继而加深了对该品牌的印象。

3. 扩大品牌影响力

成功举办一次大型促销活动的品牌，在来年相同节点进行复制，必然有同行业的公司加入到促销竞争中。而作为该活动的开创公司，也势必会被众多行业内的公司关注，甚至模仿。在初期的线上旅游市场抢占中，途牛就搭上了互联网促销的“顺风车”。

从严格意义上来讲，途牛网自身孕育的第 1 个大型促销活动是 2015 年的“323 旅游节”。此后，在每年的 3 月 23 日，途牛网都会推行这样的活动，相信对途牛网有略微了解的用户都可能听说过这个活动，如图 2-13 所示。

图 2-13 历年“323 旅游节”主画面设计

根据旅游行业特性，在消费者没有较长且连续假期的三四月份，通过对大量线路的集中优惠和营销推广，能够刺激用户产生淡季出行需求，从而帮助企业提高淡季营收。“323 旅游节”对我们来说是一个良好的开端，使我们有信心在来年持续地跟进这个项目，并在此基础上延展并拓宽了“暑期大促”“周年庆”等主题活动，而这也最终牵动其他的 OTA 同行纷纷加入“旅游节”这个营销新概念中来。

2.2.2 解析途牛的大促设计项目管理“套路”

在与大家分享完这些促销活动背后的故事之后，我将站在设计管理者的角度为大家分享在大型促销项目中，设计师是如何掌控需求，升华设计，并高效复用在多个会场的设计项目管理经验的。

一般大促项目分为 4 个阶段：需求→设计→执行→复盘。每个阶段都需要营销设计师参与其中，剖析行业热点，结合主题构想设计方案，用系统化的思维强化品牌，助力大促，如图 2-14 所示。

图 2-14 促销项目流程

1. 需求阶段

需求作为大促项目管理中的第 1 个阶段，主要需对营销需求进行提炼和分析，设计师只有有效并合理的利用该阶段，明确了业务目标，才能提高第 2 阶段和第 3 阶段的工作效率。下面，我将带大家详细了解如何进行需求阶段的工作。

以途牛 2017 年的“暑期大促”为例，运营团队在启动项目之初，设计团队即参与到项目规划的会议中。通过前期对项目背景的了解，设计团队更容易针对背景内容开展需求分析。在前期调研“暑期大促”需求的过程中，我们了解到一个重要信息：该时间段中考和高考刚结束，学生暑假即将开始，可以主打亲子游和适合学生出游的各类旅游线路，如图 2-15 所示。

图 2-15 2017 年暑期大促项目规划会议

根据以上这个信息，我们明确了此次大促的时间背景和目标用户群，并集合团队内部设计师共同进行脑暴，并推导目标用户群思维导图，从活动季节、产品、用户和品牌 4 个维度联想相应的词组和场景。我们最终提炼出“撞色”“途牛”“景点”和“儿童手绘”4 个关键元素，并将它们用于后续的营销画面构建当中，如图 2-16 所示。

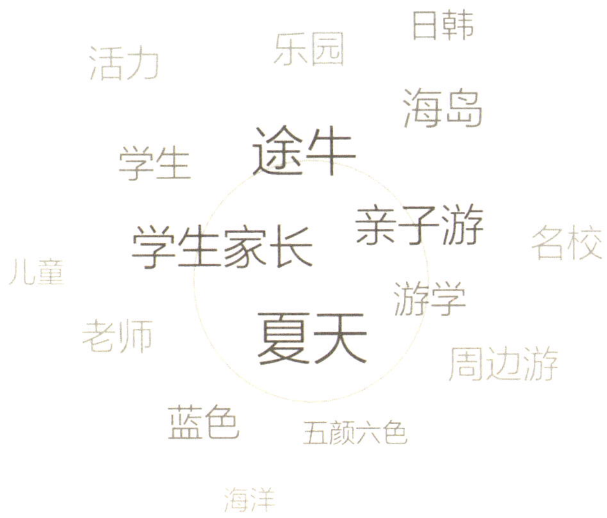

图 2-16 暑期大促方案头脑风暴

2. 设计阶段

因前期的分析解决了部分业务层面的设计导向问题，设计师在此阶段可以使用内容“解剖”技能快速剖析大型促销关键内容，以优先级为各个内容模块进行界面内容排布。

（1）优先级排序

见图 2-17，该图中包括促销页面的 8 个组成元素。其中时间、卖点、商品和促销 Logo 是最需要展现给用户的，优先级最高；活动主题和公用元素是用于加强各个会场和推广物料联系的辅助内容，优先级一般；楼层锚点和会场跳转主要用于减少页面跳出率，优先级较低。

图 2-17 暑期大促内容剖析

（2）内容布局

理清了这些内容的优先级之后，我们将优先级较高的内容前置，区块比例放大，同时将优先级较低的内容后置，区块比例缩小，也就得到了图 2-18 所示的内容。

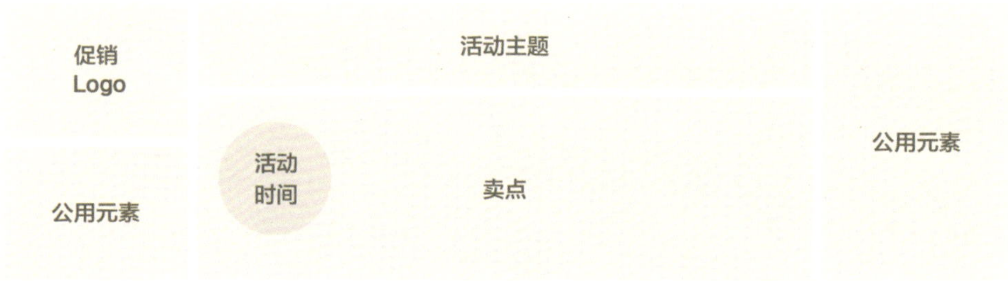

图 2-18 暑期大促首屏内容布局

（3）快速模板

设计阶段和执行阶段需要紧密结合，虽执行需要在下一阶段，但要想让执行阶段快速高效地开展下去，设计师需要在设计阶段就仔细考虑模板化设计的问题。这些问题主要有 3 方面的要素：一是如何让执行团队快速并有质量地完成设计，二是如何保证执行团队的终稿视觉共通性，三是如何让视觉在具有共通性的前提下，呈现出一定的差异化。这 3 个要素，也称“快速模板 3 要素”。只要保证抓住了以上 3 点，那么这个模板设计就等于已经成功了 60%。只有明确了标准化的营销模板设计和使用规则，才能保证设计工作的高效推进。

综合上述的业务导向和设计思考，最终我们运用视觉语言输出了“暑期大促”的主视觉设计方案，如图 2-19 所示。

图 2-19 暑期大促移动端头部样式

3. 执行阶段

在大型促销活动中，除了主视觉方案以外，我们还需要在短时间内复用多个分会场，然后进行视觉设计。在此期间，定义模板使用规范、解构营销视觉元素等方法将有效地帮助项目管理者在执行阶段完成视觉样式的高效复用和大促整体视觉风格的统一。

在“暑期大促”项目中，我们将视觉模板解剖为以下组件，如图 2-20 所示。

图 2-20 营销组件示意图

同时，要抓住“快速模板 3 要素”。在输出的使用规范中，我们明确了以下使用原则：限定界面中可替换或更改的内容包括景点元素、背景颜色、主标题和副标题的内容、文字颜色和线描的颜色；不可替换或更改的内容包括暑期 Logo 的摆放位置，吊旗颜色，文案格式，字体和字号大小，线描的设计，箱子的位置和大小，以及吉祥物的重新设计等。

为了再次提高效率，我们也同时输出了可选颜色色板规范，以解决色彩表现不统一或撞色的问题，如图 2-21 所示。

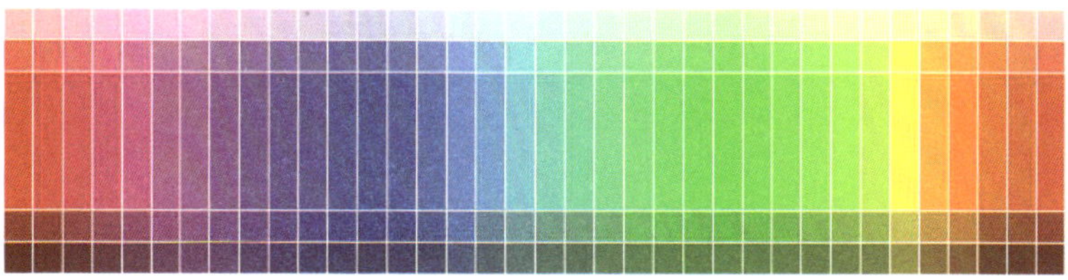

图 2-21 营销分会场可选颜色色板

对于这份使用规范，执行部门能够快速复用，在输出符合所属业务部门的会场页面的同时，也能与其他会场的风格保持统一。

模板化的营销规范并不意味着损失了分会场的业务特色，虽然模板和规范是“死”的，但人是“活”的。模板化确实能让执行的设计团队快速上手，并输出方案结果，但是模板和创意的平衡需要设计师去把控，且好的设计师和普通设计师的区别在于：在使用相同设计模板的前提下，好的设计师输出的成品仍旧属于高价值的设计。

4. 复盘阶段

作为项目负责人和主设计师，认真地对待每次项目复盘，使其成为一次吐故纳新的机会是非常有必要的。同时，追踪总结整个项目的流程，洞察并反馈过程中各个节点显露的问题，提出相关的解决思路，不仅对下一次项目的开展有着非常重要的引导作用，而且能够有效提升设计团队在项目中的话语权。

2.2.3 了解运营，打动用户

随着互联网的兴起，运营这个工作岗位的招聘需求在各大招聘平台上出现。那么，到底什么是运营呢?

简单说来，运营的工作就是为用户服务，目的是引流拉新、提高用户活跃度和保持用户的粘连性。而标题中的运营既指的是一种活动运营手段，也指的是运营专员这个职位。当然，作为一般的设计师，我们并不需要具备相当专业的运营知识。但作为一位活动视觉设计师，我们并不能只把图做好看就可以了，同时应该具有站在用户的角度考虑问题的能力，这样才能让用户从我们的设计中获得他们所需要的信息。

IDEO 总裁蒂姆 · 布朗曾在《IDEO，设计改变一切》一书里提到：“我接受的是工业设计师的专业训练，而我却花了好长时间才认识到‘做一名设计者’和‘像设计者那样去思考’是有重大区别的。”所以，活动类视觉设计师在成长的过程中必须学习和了解运营。

1. 如何打动用户

在这里，我们先了解下线上线下经常见到的 3 种大型促销活动的营销手段。

（1）爆炸式宣传攻势

通过线上、线下、电视、视频和电梯广告的爆炸式宣传，增加活动的曝光程度，提高用户的关注度。

（2）制造夸张的活动噱头

通过提炼出一个促销活动的利益点，如“不止 50%”“满 200 减 100”和“全场 3 折起”等信息，刺激用户的消费欲望或好奇心。

（3）提供大量（价格上）有吸引力的产品

对热销产品打上“较低折扣”或“较高满减”的标签，吸引用户的眼球。如通过“出境旅游 1999 元起”“iPhone X 只需 5999 元”等，来实现引流的目的。

为什么要主打这些促销形式呢？日本品牌 7-Eleven 的创始人铃木敏文曾说过：“判断一项事业是否具有可行性，更应该从消费者的立场出发，以消费者的观点，深入考察是否‘符合需求’。”

显然，作为大型促销活动，消费者需要获取在常规促销中难以得到的“大惊喜”。在此类活动中，如果让用户得出“和平常没太大差别”的评价或总结，那么即使价格已优惠，也无法触动大多数用户的消费神经。

2. 突出业务心智

见图 2-22，两个广告图的视觉设计完全相同，只在主标题的文案上略有不同。两个广告图，哪个更好呢？在我们内部的问卷调查中，认为第 2 个广告图更有优势。追本溯源，相比于第 1 个广告图笼统性的活动概括，第 2 个广告图中的“满减”信息让用户明确得知在点击该链接后所能获得的优惠，这种直接的促销信息会瞬间激发出用户的消费欲望。

图 2-22 活动入口图文案调整

当设计师们能够大概了解适合用户需要的消费思路时，就已经具备了和运营人员良性互动的能力了。

在日常工作生活中，很多设计师感触道："运营让做什么，我就必须做什么。"但是大多数运营不了解设计，他们提供的很多见解也并不专业。所以在和运营对接的过程中，设计师一定要了解运营因何原因提出这样的要求，并将其转化为"设计语言"，如图 2-23 所示。

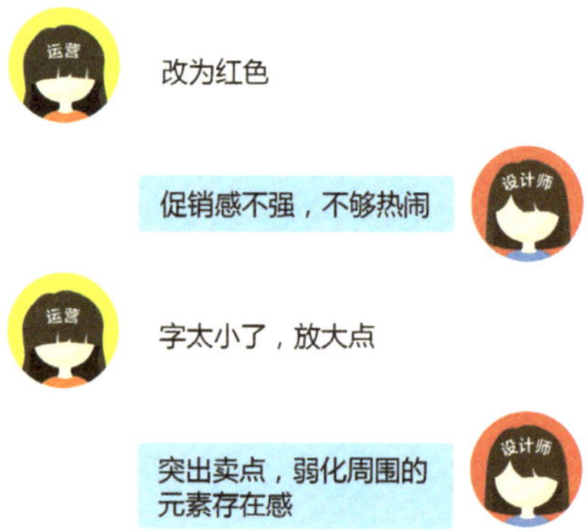

图 2-23 运营与设计师日常互动演示

当然，设计师要想具备这样的"设计翻译"能力，需要先具备一些运营能力。归根结底，设计师要想提高自身的专业素养，一定要了解运营，这样才能打动运营，打动用户。

小结

以上是我对促销设计的一些浅薄认知。通过本小节的学习，相信大家都会有一个感受：作为设计师，我们不仅需要具备较好的设计和审美能力，同时也应具备良好的理解沟通能力、任务管理能力和思考能力。尤其是对项目负责人来说。以我们途牛的 UED 团队为例，在大型促销项目期间，我们不仅需要对接大促的相关设计，同时需要对常规的业务需求进行维护，在如此密集和繁复的工作中，我们只有将产品思维运用到大促设计中，才能做出更好的设计。

2.3 旅游全链路销售订单的升级与思考

△ 文 / 王夙青 许梦

目前，大部分电商平台都依靠“前台导购，后台下单”的模式实现商品的售卖、服务等功能。作为产品销售链路中的最后一环，订单产品因逻辑复杂、附加信息繁多等特点，在很大程度上限制了设计师对这块业务的发挥。但是，只要是对订单系统进行升级改造的工作，都必然会要求设计师对公司业务有较全面的认识，具有较强的逻辑思维理解能力，这样就在无形中增加了设计师对此块业务的改造设计难度。

而近年来，随着途牛业务的不断壮大，各种定制化的打包服务和出行品类也在不断增多，这也导致我们现有的订单系统的功能逐渐饱和。秉持着对整个产品负责的态度，身为用户体验中心设计师的我们，早早地预见了此类问题的发生，并先于产品对整个订单系统进行升级改造。

2.3.1 设计前期寻找突破口

从现有页面情况来看，途牛网的 PC 订单系统有着大多数复杂页面共有的问题：控件样式各异、下单流程各异、页面过长和体验不统一等，如图 2-24 所示。

图 2-24 订单链路现有问题和改版方向

此次改版虽然是由视觉设计师们主动发起的，但是如果改版的目的仅仅是对订单链路在视觉层面的优化，那么未免过于片面，其理由更不足以说服产品经理和研发人员抽调现有人力，用于支持这样的一次改版。早前唐纳德 · A · 诺曼在《情感化设计》一书中就说过：“设计往往成为视觉糖果，它的芬芳之于眼睛正如糖果的味道之于嘴。然而，就像香甜的糖果缺少营养价值一样，空虚的外表也是没有内在的价值。”此次改版只有实现了更深层次的突破，才能促成此次提案的通过，并让产品、研发和设计达到一个“共赢”，给“下单”这一产品带来整体价值的提升。

1. 竞品分析

基于旅游行业中下单流程的复杂性和独特性，在业务探索初期，我们会抽取旅游行业中已经成熟的几家网站作为竞品分析对象。通过前期的分析，我们可以将同行业中各家订单的优点概括为“视觉轻”“页面短”和“流程简”，如图 2-25 所示。

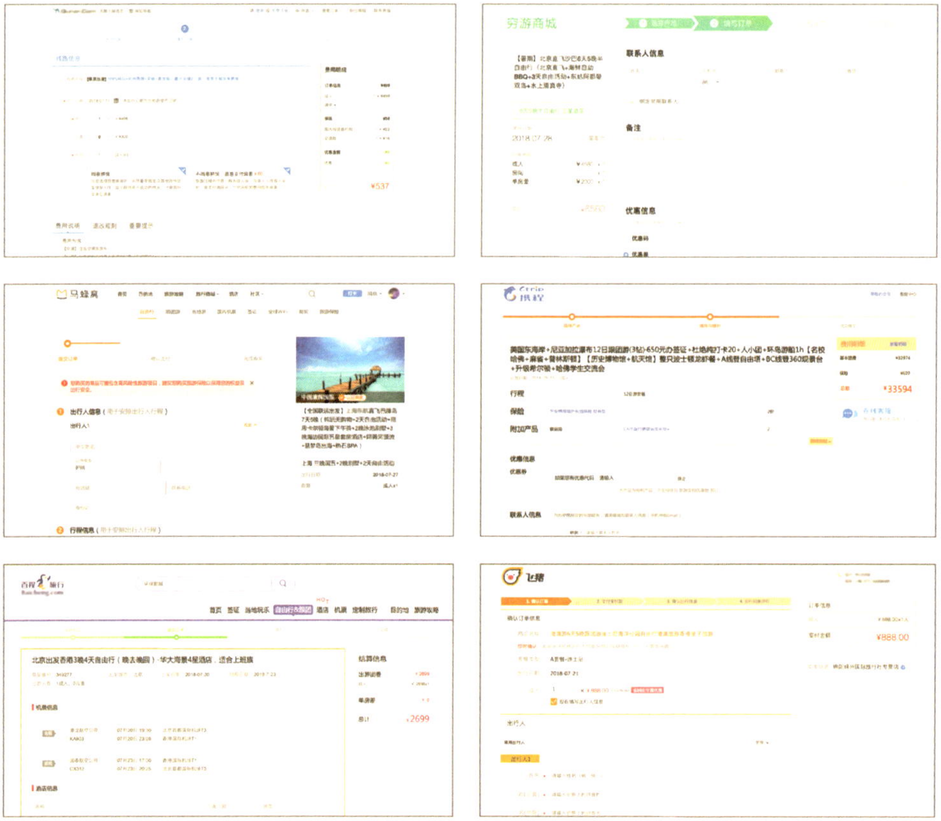

图 2-25 旅游行业下单页面竞品

⊙ **视觉轻**：没有厚重的色块，对留白与品牌色的运用恰到好处。

⊙ **页面短**：页面的左右结构分布合理；次要信息都已折叠。

⊙ **流程简**：这个比较难梳理，毕竟各个企业的业务结构各不相同，因此还是要结合途牛自身的业务模块情况来看。

2. 拆解设计目标

在竞品分析的基础上，我们结合途牛自身的特点，提出了“订单模块组件化”“缩短体验路径”这两个方案，作为订单页改版的突破点。

“订单模块组件化”主要针对繁杂的途牛旅游品类业务（如跟团、自助、自驾、机票、门票等），每一类下单页的流程和样式都各不相同的情况。为了更高效地复用多个业务平台，我们将所有的卡片模块组件化。在改版之前，组件的单元模块只涉及按钮、输入框这类小控件，这次的组件设计则是将单元模块扩大到卡片。同时，各品类下单页根据需要调取，从而有效地提升页面搭建效率，并保持页面与页面之间样式的统一性，如图 2-26 和图 2-27 所示。

图 2-26 订单模块化思路的来源

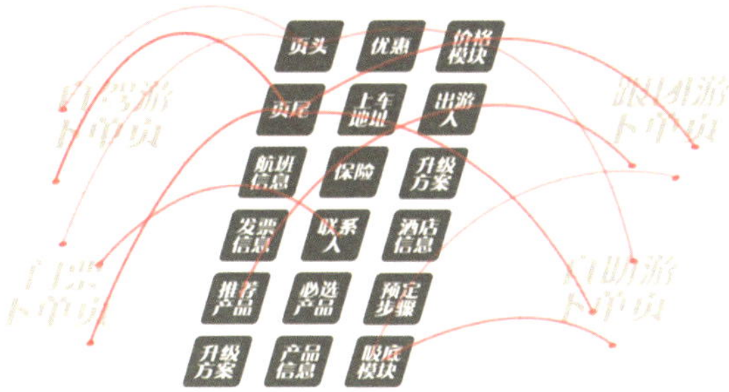

图 2-27 订单模块化设计思路

“缩短体验路径”则是因为我们发现途牛网现有下单页、选择资源页与资料填写的页面性质相似，可以合并操作。在与业务方沟通后，我们决定将这两步合并，将原来的 3 步下单缩减成两步。这一想法的落实也将大大节约用户的下单时间，如图 2-28 所示。

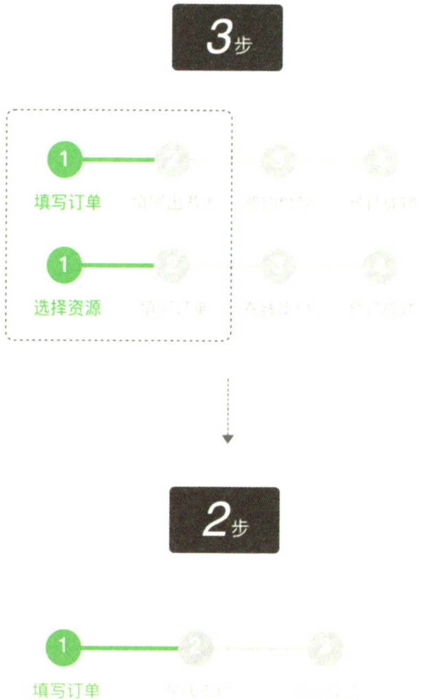

图 2-28 下单页体验路径缩短示意

2.3.2 确定方向后的执行

确定好以上的改版方向后，接下来进入执行阶段。再好的想法如果执行不好，那么就是一纸空谈。很快，我们根据自身业务定制出了图 2-29 所示的改版雏形，并主要针对以下 5 点进行了页面的重新布局。

第 1 点：页面精简，去掉不需要的信息。

第 2 点：对页面进行有别于卡片式的模块化处理。

第 3 点：优惠信息、法律条文等信息可进行隐藏处理。

第 4 点：统一页面宽度、左右分布及单个模块组件的制作规范。

第 5 点：迭代过程中，只针对组件更新维护。

图 2-29 订单模块页面布局

将以上这些需求点作为依据，我们在初稿阶段制作出了 3 种不同的方案，如图 2-30 所示。

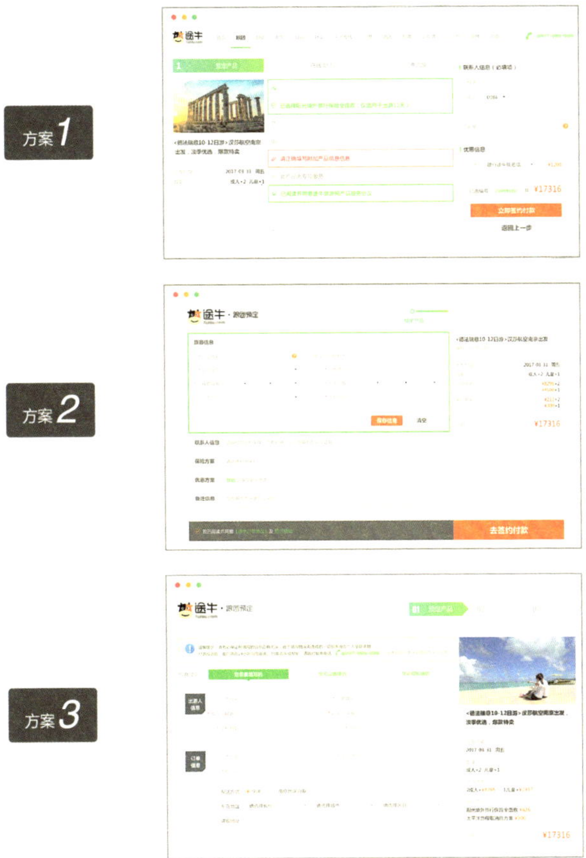

图 2-30 订单页面改版方案汇总

通过内部评审的方法，大家普遍认为以上方案 1 和方案 3 的样式和交互不太便捷易懂，这两个方案就被否定了。最终，我们确定在方案 2 的基础上，将页面隐藏模块展示出来，并对样式进行优化，之后得到图 2-31 所示的方案效果。

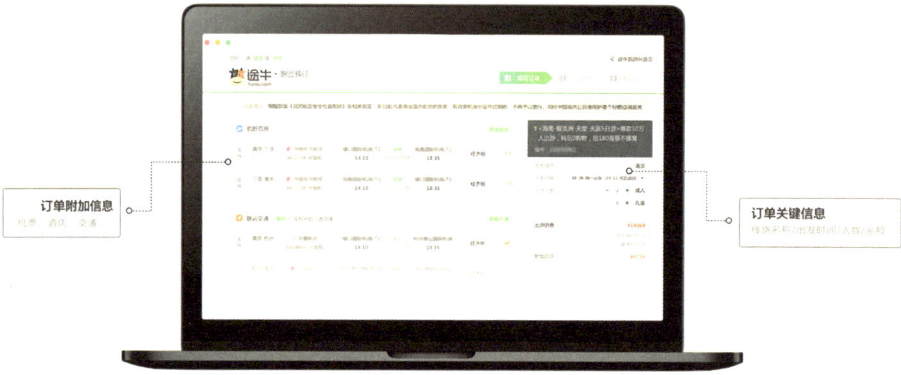

图 2-31　订单改版方案定稿

2.3.3 新版下单页组件设计

面对复杂业务的另一大难点，如何有效地复用设计理念至其他品类也是对设计师全局把控力的考验。原本的订单样式上的 Bug（指一些没有被发现的缺陷或问题）很大一部分原因就是因为规范对于全状态的完整度不够。现有规范定义较为宽泛，如颜色、字体和按钮等颗粒度较小的视觉元素，都容易因设计师对于业务的理解不同在实际的应用中也有所不同。因此我们决定制订一个更严谨的新规范：从架构层、细节层和交互层 3 个维度来划分，通过每个维度细化单元组件样式，从而来规范好每一个元素，确保日后的延展性，如图 2-32 所示。

1. 架构层

在页面模块搭建初期，我们利用栅格化来限定各字段的竖列对齐方式，如图 2-33 所示。栅格化设计在表单页面的运用可以让表单信息文本看起来更整齐，让用户浏览时更方便，并及时获取到自己需要的信息。

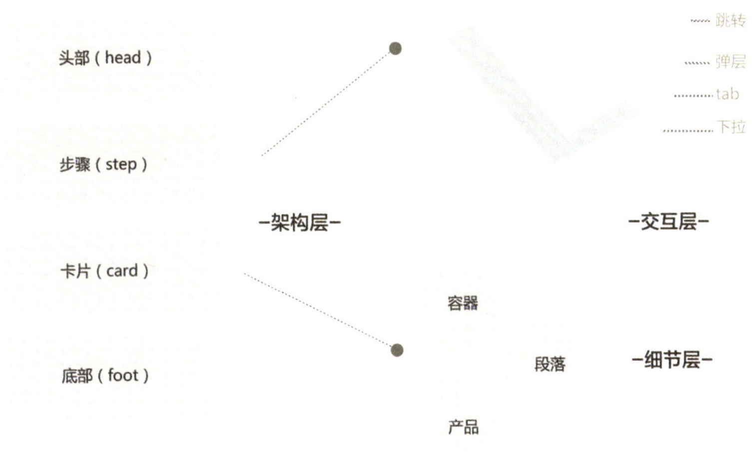

图 2-32 模块元素升级维度

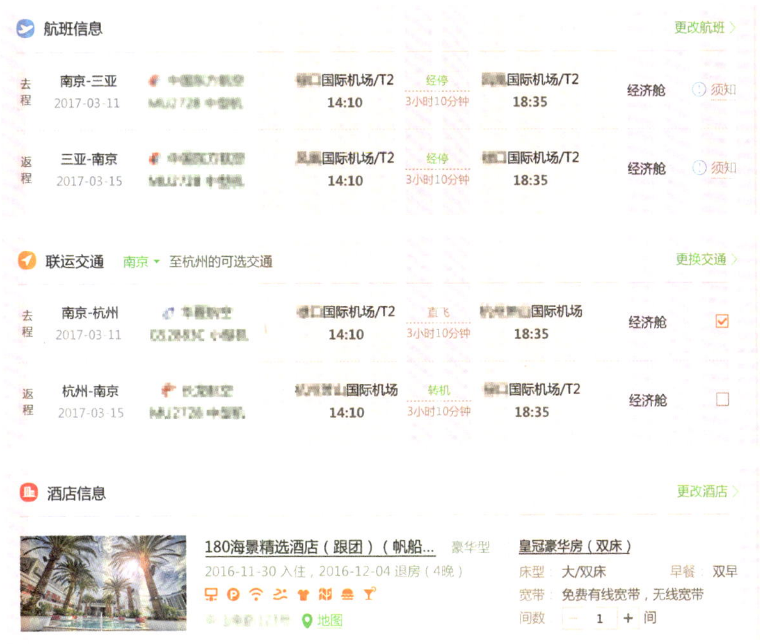

图 2-33 订单改版栅格化设计

2. 细节层

因为表单页面大多由文本信息填充，较其他类型的页面而言较为枯燥无趣，所以在细节层，我们需要花费更多的精力去不断打磨，从而提升表单页面的整体设计调性。以下我将从容器规范和段落规范这两个方面，来向大家展示我们在细节表现方面的一些设计思考和方法。

（1）容器规范

容器的规范即我们对每块内容的载体进行的定义。例如，底层的空卡片就是容器的一种，通过定义容器与承载内容的间距、留白比重等来平衡视觉，同时将这种规范贯穿给研发团队，便于他们进行自适应页面的开发，如图 2-34 所示。

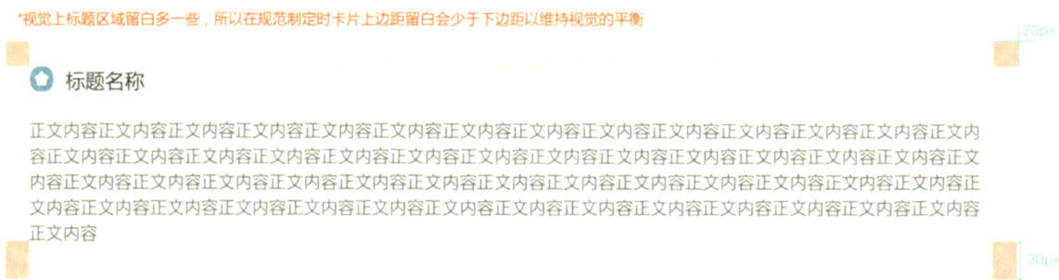

图 2-34　单条产品卡容器规范

（2）段落规范

在复杂段落中，针对模块中包含信息的不同，在设定好产品卡容器中单资源行间距与段间距的基础上，针对模块单条信息和多条信息的不同状态，仅进行了局部排列方式上的调整，从而保证在应对不同模块间的组合时，所有产品卡容器中的内容呈现依旧是完整且统一的，如图 2-35 所示。

图 2-35　段落文本规范

2.3.4 体验推敲的那些事

在此次订单改版项目中，设计师既是界面元素的规划者，又是视觉呈现的品控者。从信息交互布局、组件定义方式到文本大小规范和产品卡容器设定，都是我们在体验设计过程中需要时刻推敲的。在这个过程中，我们不断打磨细节，深化探索视觉呈现方案，以帮助用户更快、更便捷地完成下单操作。以下说到的这几个方面，也是我们在订单改版项目中需要着重探索和研究的，如图 2-36 所示。

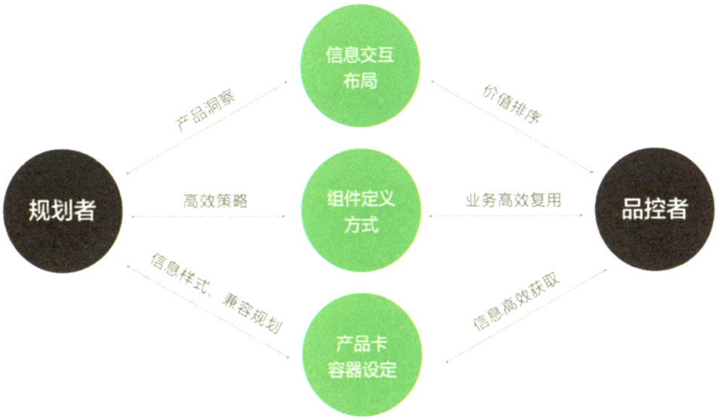

图 2-36 体验推敲方向

1. 什么样的头部最适合下单

虽然在前期的探索过程中，我们已经有效地简化了填写订单的步骤，但是由于填写订单业务本身的复杂性，我们仍旧需要通过多个步骤来划分用户不同阶段的操作，以减轻用户填写表单的压力。因此订单的头部样式在页面中，需要承载着展现用户当前进度，告知用户全部进度这两个主要功能。作为整体进度的唯一呈现方式，在订单头部的探索过程中我们也进行了很多的考量。

在前期探索中，我们尝试了 3 种头部方案。

⊙ **方案 1**：为了与主站品类保持一致，我们露出了全品类的跳转入口，结果导致顶部导航占据了太多的空间，而过多的入口也会对用户下单造成干扰。填写订单页面的最终目的是为了促使用户完成下单支付，而不是分流。

⊙ **方案 2**：删除了部分信息，途牛 Logo 与下单进度条共同构成了精简后的订单头部。但是，过于精简的头部真的能满足我们的功能需求吗?

⊙ **方案 3**：在设计过程中，我们再次对头部所需的功能模块进行调查，发现进入下单页面的有部分是未登录直接通过详情页进入的用户，因此在填写订单阶段，登录注册功能也是很有必要存在的，它可以关联会员已有信息，帮助用户快速登录，合并订单。但由于在设计过程中重色的使用，登录注册功能被过分强调，而订单填写功能却被弱化了。

以上 3 个方案都有各自的弊端。我们经过综合考虑，决定在方案 3 的基础上，通过对过于厚重的头部进行调整，强调下单页的下单功能，弱化其余的辅助下单的功能，从而确定了最终的方案，如图 2-37 所示。

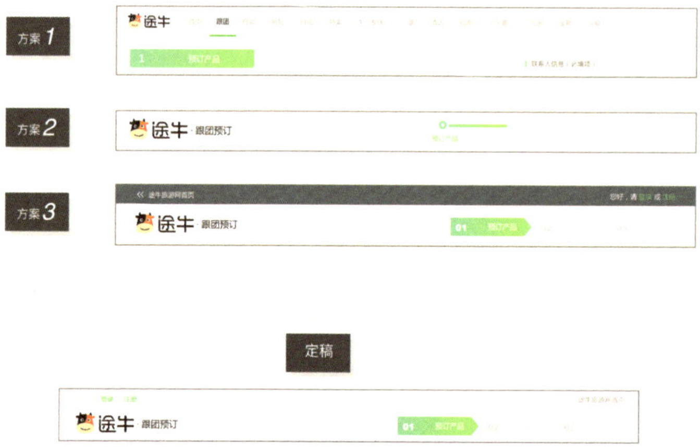

图 2-37 订单填写头部方案汇总

2. 吸底模块的浏览器友好性

在我们收集各类人群反馈时，一位对订单系统使用频率较高的客服人员提出：一些 PC 端用户在使用搜狗浏览器等一些自带底部小广告控件的浏览器时，浏览器自带的底部广告会挡住吸底下单操作区域，如图 2-38 所示，原有的“提交订单”按钮在右侧搜狗浏览器中呈现时，被广告控件遮挡，用户无法有效地找到下一步操作的入口。最初听起来，这个需求好像很不起眼，而且这好像也不是我们自己的页面设计的问题，但是我们能置之不理吗？

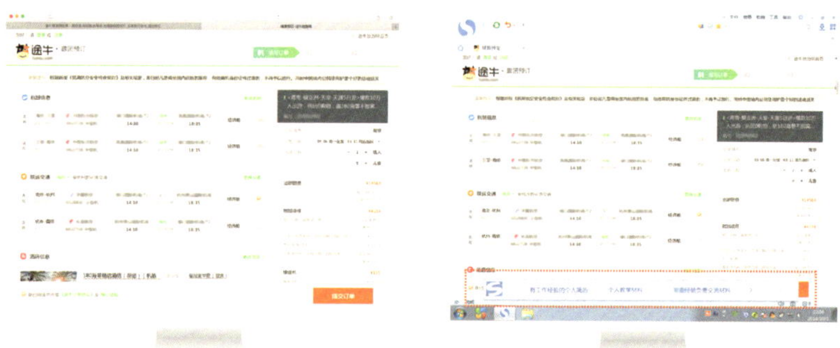

图 2-38 订单改版头部方案定稿

其实这并不是一个小问题。用户对产品很感兴趣，却不能及时找到“下单”按钮完成下单，这对整个下单流程的体验无疑是致命的，所以必须引起重视。在一轮又一轮的讨论中，我们为吸底模块设想了很多复杂的规则，但又逐个被否定掉了，原因有两个：一是我们的代码控制不了浏览器，二是不能在最后一步增加用户的学习成本。最后，一个组员提出了给页面增加一个 Foot（底部）的想法，也就简单高效地解决了这一难题。当鼠标滑动到底部时，吸底模块跟随上移，露出页面底部，从而不会影响在部分浏览器上的下单，如图 2-39 所示。

图 2-39 订单改版操作按钮位置探索

这件事对我来说感触很深，顺着一个方向做设计，想问题很容易出现“死胡同”。**好的设计就应该是润物于无形的，让用户在使用过程中能够顺畅地完成操作，不被干扰，也不用思考，一气呵成即可。**

2.3.5 App的改版

延续 PC 端改版的方法论，复用到 App 下单路径，我们就会发现 App 端同样存在不少 PC 端改版前的问题。

移动端的下单流程已被用户使用多年，对用户的影响也非常深远了。在设计这个产品的过程中，如果不能颠覆其原有的业务形态，那么就必须要用模块化的思维来解决产品的差异化问题。

因此，App 改版同样需要复用模块组件化、统一体验路径等方法。具体来说，就是从视觉入手，统一整体页面基础的颜色、控件、价格和按钮等组件，控制好各业务线的差异性。同时，梳理出最新的设计规范，并进行整理和优化，形成统一的交互操作组件，实现各品类相似模块组件的复用。

1. 体验路径的统一

对各业务所涉及的功能模块进行汇总，然后分门别类，就能在梳理过程中把握住下单流程的主脉络。同时划分并设计出一系列的功能模块，后续也能在此基础上对各个功能模块进行结构化再组合，保证界面的一致性和延续性，如图 2-40 所示。

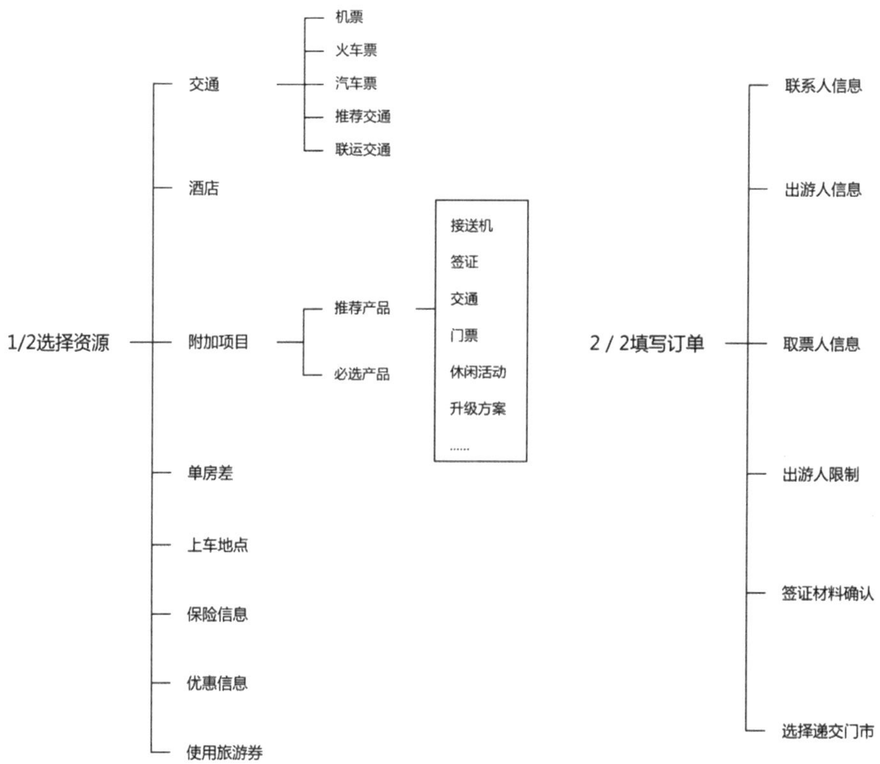

图 2-40 App 订单业务模块梳理

见图2-41，在跟团游下单流程中的“选择资源”页面，用户可以进行套餐升级等资源更改，而在“自助 / 自驾游”品类中，用户只能先返回详情页面中，再进行订单资源的更改操作。这样一来，用户就难以用一种方案来解决多个问题。

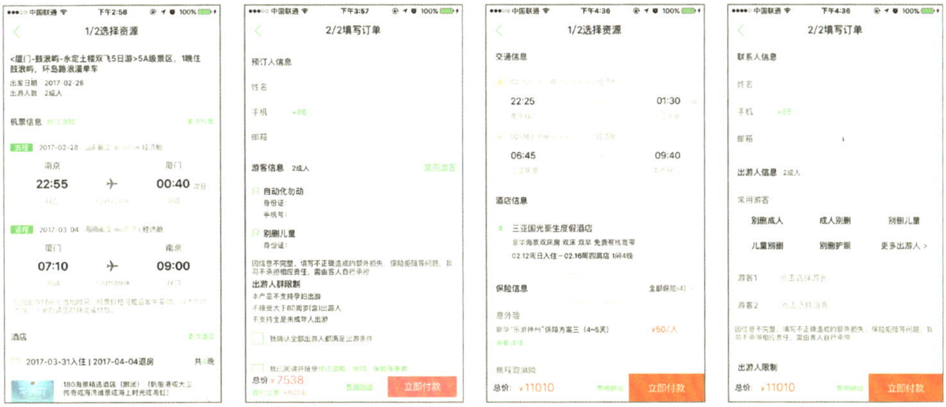

图 2-41　App 跟团游与自助 / 自驾选择资源页面对比

由于邮轮、机票和酒店存在业务模式上的差异，其页面信息也呈现出不同的展示效果，如图2-42所示。但过于强烈的个性化设计，无论是对 App 的整体统一性来说，还是对用户习惯的养成来说，都是不利的。

图 2-42　邮轮、机票和酒店订单页面现有样式

在如此复杂的环境中，我们选择从“选择资源”页面入手，以保证 App 订单链路的一致性，见图 2-43。在“选择资源”页面，为了方便用户在当前页再次更换资源，而不必返回上一步，我们去掉了烦琐易出错的“返回”操作，这样的路径显然能提高那些选择困难、纠结不定的用户的下单成功率。

图 2-43　App 订单页资源链路统一

2. 模块组件化

模块组件化则需要从轻便性、个性化和复用性角度来进行打磨，只有这样，才能实现细节层、架构层和交互层的统一。

（1）细节层

单选样式需要根据业务场景进行个性化设计，一种样式显然无法兼顾信息量过多或过少的卡片样式，但我们也需要注意控制个性化设计的样式，不可过多，如图 2-44 所示。

图 2-44　订单填写页面在不同场景下的单选样式

（2）架构层

架构层需要理清页面层级，将资源模块化，并考虑一定的扩展能力，增加可变元素和可变样式，保证能快速搭建以适应新功能需求，且兼容一定范围内的产品差异化，见图2-45。相同筛选模块的复用，会减少设计成本和用户的学习成本，保证良好的操作体验。

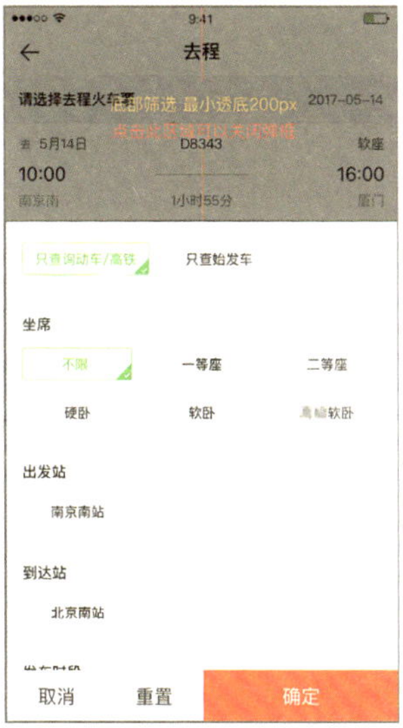

图2-45 订单填写页面的筛选模块样式

（3）交互层

交互层需要我们仔细推敲每个交互效果的合理性。例如，针对“弹窗”样式，我们需要考虑是半浮层还是全浮层，且半浮层的高度如何界定等问题。

小结

作为体验设计师，需要思考最多的就是为什么要改版、如何改版会比较好（特别是关于改版后的交互效果）等问题。功能点上线前的优化调整具有一定主观性，而上线后设计师不应该只关注视觉效果的提升，而应该去跟踪数据，进而评估设计方案的有效性，并且根据数据反馈安排后续的衔接迭代等工作。只有这样，才能够较大限度地保证最终的结果往好的方向发展，并通过逐步地迭代，从真正意义上提升业务体验，用体验设计驱动业务发展。

2.4 个性化推荐在“我牛”

△ 文 / 莫莉 万小晶

“个性化推荐”即针对不同的人展示不同的内容。阿里巴巴将其称为“千人千面”，亚马逊将其称为“S9”。个性化推荐在对客展示时，由于呈现的内容更贴近用户，使用户有种熟悉感，拥有较好的感受，因而更容易实现购买转化，使我们快速达到商业盈利的目的。

2.4.1 什么是个性化推荐

对运营者来说，个性化推荐在页面中呈现的效果才是最终的结果，因此在之前明确自己想要对客展示什么样的效果比较关键。中间夹杂的专业的算法和逻辑，可以由产品侧（指背后提供算法和技术支持的相关部门）解决。

个性化推荐需要兼顾用户和产品自身的特性。旅游产品有“高频”和“低频”之分。例如，我们常常会利用周末或节假日的时间，以自驾游的形式到城市周边游玩，以此作为一种自我放松的方式。而每年飞行 1000 千米以上的出国旅游的情况是比较少的。那么，在进行个性化推荐时，如何充分结合订单数据，控制低频产品的次数，成为我们必须要考虑的问题。

在这个智能化时代下，我们是不会一直给用户推荐一年可能只去一次的日本等旅游地的。但在临近周末时，若是能给用户推荐周边目的地的玩耍方式，那么就能很容易地刺激他们的出游欲望。因此，在给用户推荐相关的内容时，我们需要考虑“产品特性”和“消费频次”这两个问题，这样得到的结果才会更贴近用户的使用场景，而且与用户对不同类型的出游产品的消费频次相契合，如图 2-46 所示。

尝试了解用户，贴近用户，根据用户的行为习惯去展示产品和内容，是我们做个性化推荐的初衷。好的用户体验，自然能带来好的结果，我们只关注我们能做到的。

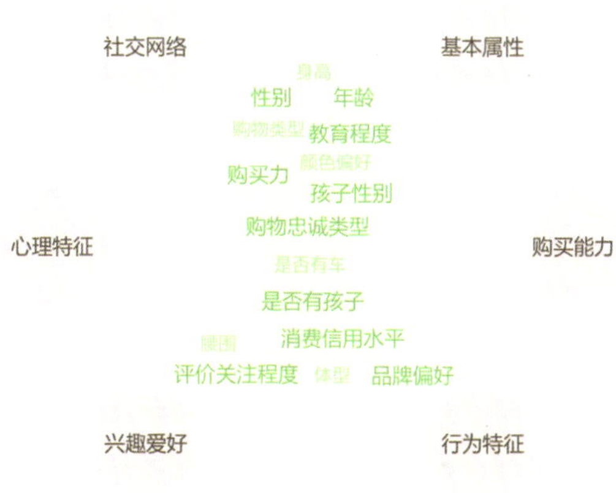

图 2-46 影响用户画像的因素

2.4.2 个性化推荐的好处

目前，个性化的应用已经非常普遍。随意打开一个 App（如购物类 App、新闻咨询类 App 等），就可以看到其使用了大量的个性化推荐数据，以此来贴近用户。一般说来，个性化推荐有以下 4 点好处。

1.“友好”的页面，提升对客体验

所谓“友好的页面”，我们将其定义为在美观、简洁、布局合理的区块样式和在固定区块样式下展示的内容。我们的区块不会非常频繁地变换和调整，否则会给老用户带来一种陌生感，但区块里的内容或者推荐的商品信息则是可以根据用户画像和用户行为来进行呈现的。

2. 空间的有效利用

页面位置常常是有限的，但个性化推荐却在有限空间内提供了更多种可能。同样的位置，用户 A 看到的可能是欧洲，用户 B 看到的可能是日本。个性化推荐，可以使页面展示的内容不会太过单一。在大流量平台上，个性化推荐也有助于精准投放广告。

3. 更高效的转化

由于个性化推荐的内容与用户高度相关，对比全量投放的广告，转化率会有大幅度地提升。同时数据收集能帮助我们有效地找到投入产出比更高的用户数量和转化估值，使广告位的利用更高效。

4. 大道至简，去烦琐设计

如“6 · 18 年中大促”“双十一” 等促销活动都是卖方自行发起的，运营人工干预因素较大，并不一定是用户真实的需求导向。相对而言，个性化推荐算法里包含的因素较少，且大量集中在一些有效因素上。以旅游行业的“个性化推荐”为例，营销文案会有针对性地设定为“南京 - 三亚，机票 499 元起”“猜你喜欢去泰国”等，需要运营人工修饰的东西少了，广告设计也自然变得更加简单。

2.4.3 个性化推荐的设计理念与实践

个性化推荐这个课题，说起来很大，实质还是对每一个点和每一个区块的合理应用，最终形成一个有逻辑、有条理且能看懂的整体页面。

1. 分层运营——智能化轮播推送

在实际设计过程中，我们会将页面拆分成背景层、文字层和标签层，对页面运营轮播广告进行模板化分层设计。在模板颜色上，我们选取饱和度较高且偏清新的颜色作为背景层的主色调，营造旅途中轻松愉悦的用户感受；在画面元素上，我们主要采用实景元素进行堆砌，模拟真实旅游场景；在布局上，因首屏轮播高度较低，我们采用的是居中布局的方式，这样能够较好地平衡画面比重，兼容目的地字段。我们会通过对视觉语言的探索，来寻求有利于实现个性化推荐功能的画面模板设计，如图 2-47 所示。

这种根据用户浏览习惯智能化生成的个性化广告和强关联度的目的地信息，能够更容易地获得用户的关注，并提高用户的购买率。

图 2-47 个性化 Banner

2. 推荐维度划分 —— 简单到深度

在页面楼层区域，我们根据浏览习惯推荐目的地，并通过简单计算，强关联用户个性化目的地，进行目的地级别的个性化推荐，如图 2-48 所示。

图 2-48 目的地级别推荐

在图 2-49 所展示的单品级别推荐中，蕴含多项计算，且计算和猜测的成本较大。在从简单尝试到深度解读的道路上，我们根据旅游用户的出游决策周期特征和出游意向由模糊到清晰的心理模型，在途牛的个性化实践过程中，进行了由浅入深的推荐应用。

图 2-49 单品级别推荐

3. 应用阶段——迭代优化，精准营销

在项目伊始，我们只对用户浏览行为进行了简单的分析，并结合订单数据，针对未下单或者上一次出行时间间隔较久远的用户推送常规的轮播广告，最终数据反馈的情况非常好。

随后，我们会通过"埋点"技术，获取用户线上行为，并根据用户行为，专注于用户本次访问的兴趣点，给用户进行目的地和旅游线路的推荐。

最终，我们结合搜索、收藏、订单和积累的 CRM 底层数据，刻画用户画像，计算用户标签。通过标签和画像，分析相似用户群体的出游特征。对单用户推荐时，我们会结合实时行为和离线全体数据进行更精准的推荐。同时针对各个相似用户群体，进行旅游特征的提取分析，从而对不同用户群体有了更全面、更客观的认识。

2.4.4 个性化推荐的模型要点

对于不同的业务场景和用户的需求，各种推荐模型的效果有好有差，因此模型的选择也至关重要。

1. 业务应用场景

用户的出游状态并不是相同的，因此，我们应对不同的业务场景，制订不同的推荐策略，把个性化推荐的理念，始终贯穿于整个出游过程中，如图 2-50 所示。

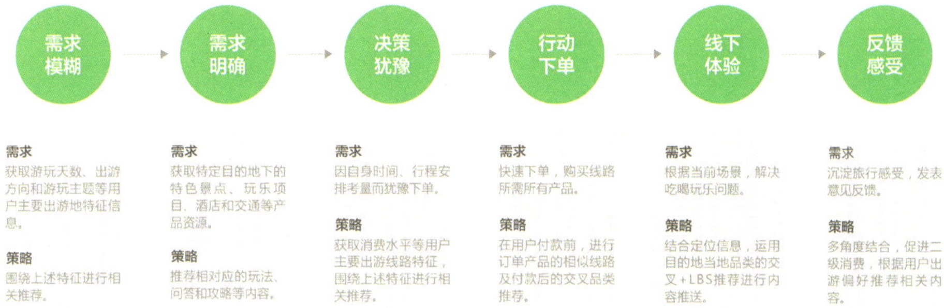

图 2-50 个性化推荐模型

2. 推荐算法

在推荐目的地 / 线路召回的环节中，基础数据采用的、实践较多的个性化推荐算法，主要包含以下 4 个方面：基于产品的协同过滤、基于内容（相似目的地 / 相似线路）、基于标签（通过用户画像聚合相似用户群体）和基于关联算法（关联目的地）。

以上 4 类推荐算法在某些应用场景下可单独使用。例如，在线路详情页当中，可为用户推荐当前线路的相似线路；在搜索结果页面当中，当用户在搜索某个目的地线路的时候，若搜到的线路较少，那么就可以推荐与该目的地相似的其他目的地。而在更多的场景下，一般会进行综合推荐，且混合多种算法，以达到更好的推荐结果。

提示

算法的选择和采用要视具体应用场景而定，而且针对推荐效果要不断地进行实践和改进。

3. 学习反馈

个性化推荐上线后，我们要根据用户的使用情况收集用户反馈，这些反馈数据会用来进行离线的数据训练。除此之外，我们还要将训练的结果反作用于算法，对算法进行调参和纠偏，从而达到更好的推荐效果。

在途牛的个性化实践中，主要采用的是 GBDT 梯度决策树等机器学习算法进行数据训练。加入反馈机制之后，目的地推荐的点击率将提升 10%，如图 2-51 所示。

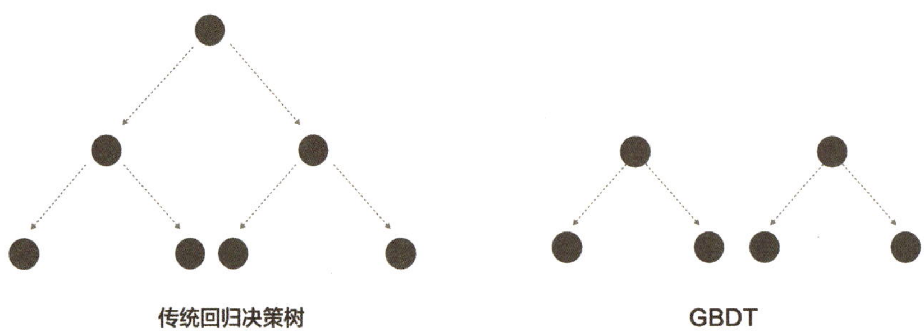

图 2-51 GBDT 工作过程

> **提示**
>
> 这里说到的 GBDT 梯度决策树（Gradient Boosting Decision Tree）是一种迭代的决策树算法。这种算法由多棵决策树组成，主要分为预测实值的回归树和用户分类标签值的分类树，最后将所有回归树的结果作为数据训练的最终结果。

小结

对于途牛而言，当前的个性化推荐之路还在起步阶段，文中的某些观点和方法也是我们在业务探索中慢慢总结出来的，难免会有局限，望各位读者体谅。随着软件技术、内容服务和智能算法的不断完善，我们也会对旅游行业的未来进行持续探索，不断寻求更贴近自然的交互方式，为用户服务。

2.5 从0到1的旅游类直播项目

△ 文 / 王夙青 魏欣

今天，消费路径和习惯发生了很大的变革，粉丝经济正在潜移默化地形成一种新的消费形态。好的内容能够通过互联网产生强大的流量，用户在观看内容，以及收到由内容产生的商品建议和推荐，之后，可能会产生购买某些商品的欲望，进而产生消费。其中比较典型的例子就是“直播”，但目前旅游类直播尚未有成功的案例，这意味着我们面对的既是机会，又是挑战。

在传统旅游行业中，用户了解目的地的方式通常有杂志、游记和攻略等。而拓宽信息获取维度、增加用户对目的地的真实感是我们一直探索的方向。“途牛直播”是一个专门介绍目的地相关信息的直播平台，它对旅游目的地进行全方位的讲解，及时且有针对性地进行在线解答，可以有效地帮助用户做出购买决定。面对这样一个全新的项目，我们如何在有限时间内找到更符合旅游直播的设计形态，为途牛用户提供更好的直播体验呢?

2.5.1 充分的行业调研

面对一个陌生行业，在设计之初，竞品分析可以作为一个较好的切入点。通过竞品分析，我们可以了解行业的现状和未来发展的趋势，对业务背景有一个较为全面的认识，从而在此基础上提炼用户痛点，找到产品目标。在直播项目中我们找到了图 2-52 所示的 3 种直播 App 的主流样式。其中“上下分屏”属于视频 App 最原始的形式，而“全屏”是目前市面上涵盖面较广，也较为成熟的形式。但这并不意味着“全屏”会全面取代“上下分屏”，因为“上下分屏”还是有自身的存在价值的。

① 影视授课类

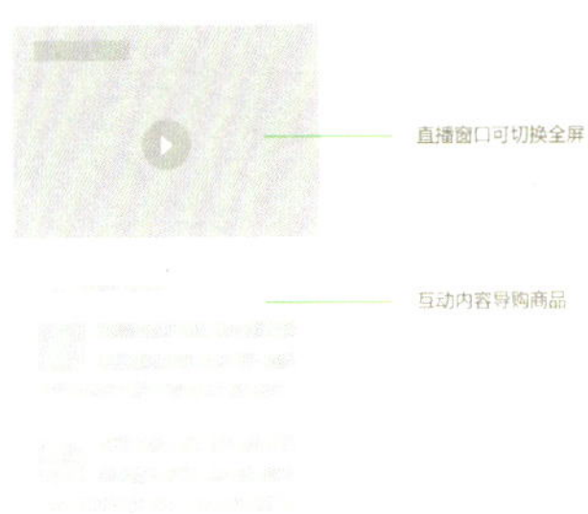

图 2-52 竞品分析

② 直播平台&电商类　　　　③ 课程电台类

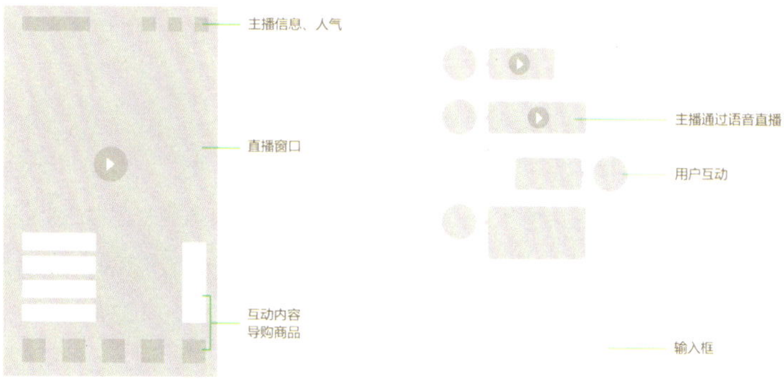

图 2-52 竞品分析（续）

下面，我们对“上下分屏”和“全屏”的优缺点进行对比分析，如图 2-53 所示。“上下分屏”将直播模块与内容模块进行分屏设计，使内容区块有了足够的展示空间，也会被进入界面的用户第一眼看到，同时，横屏画面对于大场景和多人画面的表现力较好，用户可以通过二次操作展开成全屏模式观看。但其与用户的互动性不够，画面冲击力较弱；“全屏”的内容模块一般是叠在直播模块之上的，它舍弃了内容的展示，而更注重画面质量和氛围感，视觉冲击力强，主播与用户的互动也更直接，且竖版画面更适合个人用户镜头，使用成本较低，但其对推送产品的展示不够直接，可阅读性不强。

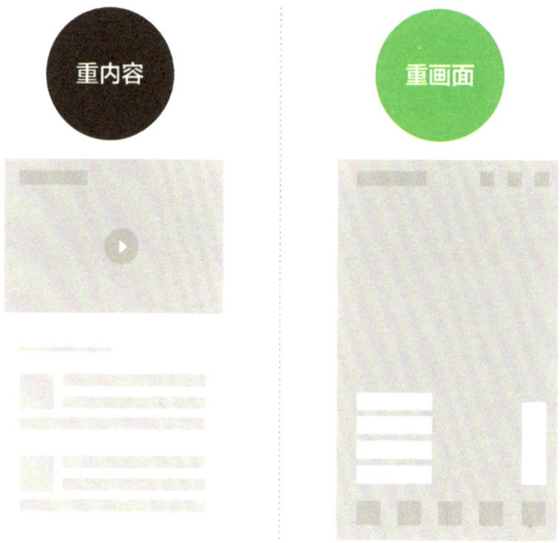

图 2-53 “上下分屏”和“全屏”的优缺点对比示意图

经过综合分析后，我们发现，影视、演讲和授课等题材的产品，对获取知识的价值要求较高，而对用户互动的要求比较低，所以内容呈现上一般采用的是“上下分屏”的形式。而开放给个人用户的产品则更注重趣味性和互动性，所以内容呈现上多采用“全屏”的形式。其中互动性主要以“互动窗口”的功能来实现。只有语音而没有画面的“互动窗口”功能，成本较低，适合对画面质量没有过多要求的语音直播。同样的，“互动窗口”可以融入“上下分屏”或“全屏”里面，不过具体形式也需要根据实际的业务需求来定。如图 2-54 所示。

图 2-54 “下分屏 + 互动窗口”与“全屏 + 互动窗口”对比

大概完成竞品分析后，接下来需要思考的主要是“我们想要做成什么样”“我们能做成什么样”等问题。

2.5.2 任务拆分和人效提升

直播产品的整个项目周期只有 45 天，包含了前期调研、产品原型、页面设计、项目上线、直播品牌设计和初期运营内容等。经过与业务方的同事沟通讨论之后，我们共同设定了 8 个工作日用于制作前期设计方案，其中还包含前期竞品分析所需要的时间（大概两天）。

这时候，时间对每个人来说，都是很宝贵的。设计组只由一个交互设计师和一个视觉设计师构成，其余的组也只是由 1~3 人组成。按照传统的开发模式，每个阶段都不可能在规定的时间内完成。于是我们决定将直播项目拆分成一个个小的子任务，并采用敏捷开发的模式分迭代展开子任务的设计工作，如图 2-55 所示。

这时，我们对市场调查和竞品分析的作用便显示出来了。它可以帮助我们对全部任务体量和重难点有一个初步的预估，进而更好地进行任务分工。

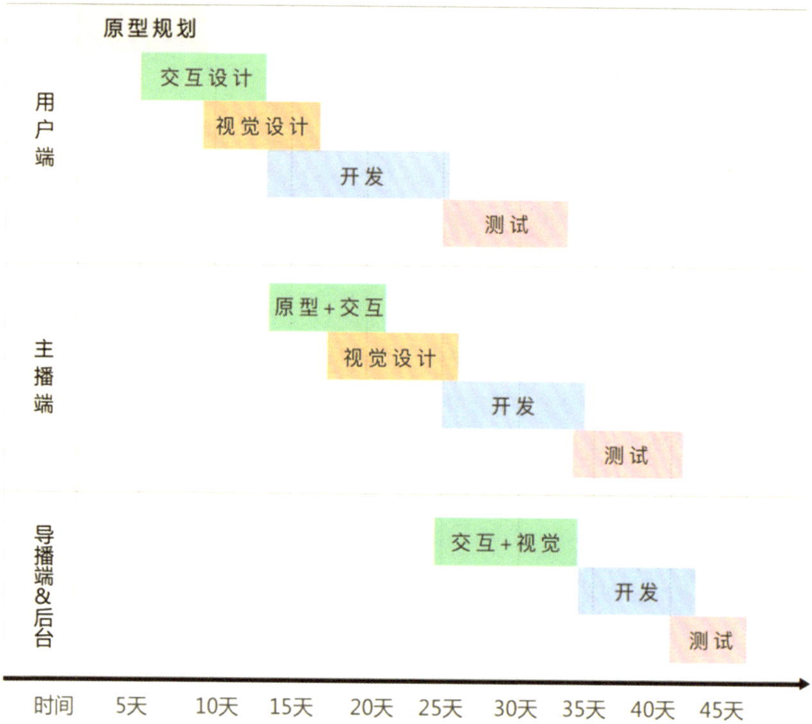

图 2-55 任务拆分与人效提升

1. 拥抱变化

此外，在整个任务过程中，每个岗位的角色都不是一成不变的。每个阶段的人效都在逐层提高，每个阶段的时间逐步缩减。因为我们会逐步学习前一阶段的经验，并运用到下一阶段。在第一个阶段，交互设计师和产品经理共同梳理出原型图后，两人的工作会更有默契度；在第二个阶段，产品经理可以通过口述或者手稿传达的方式让交互设计师快速地制作出原型；到第三个阶段即中后台的设计阶段，对视觉表现力的要求已经没有那么高了，交互设计师的水平完全可以直接产出视觉稿，从而让视觉设计师得到解放，让他们有时间去走查和优化体验，如图 2-56 所示。

图 2-56 设计过程中角色的变化

2. 分工协作

先以视觉设计师为例。当任务还在需求评审阶段时，视觉设计师就应积极地介入其中，了解业务方向，同时也为自己后续的设计工作做充分的准备。在完成自己的任务后，视觉设计师也要推动其他环节的进度，保持分工有序，这样不仅可以集思广益，而且可以更高效地完成任务，如图 2-57 所示。

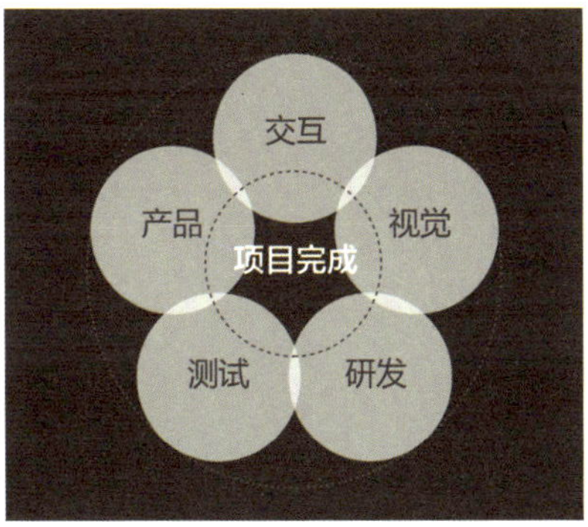

图 2-57 项目分工协作

再举个例子，在测试阶段，我们发现 4G 环境下观看直播太费流量，最后讨论出需要增加一个“提示”窗口功能，以提醒用户在 4G 流量环境中观看直播时默认切换回“标清”模式。又如，在研发阶段，我们通过提前与前端工程师进行沟通，将部分直播中的交互微动效，用输出 Lottie 动画的方式来代替研发编写代码，大幅度地减轻部分研发的工作量，提升项目的开发效率。

2.5.3 搭建基础框架，完善交互方案

直播设计一般时间紧、任务重，因此需要我们对用户的核心需求进行统一、具体的筛选和评估。我们应该制订优先级，先完成核心功能，再分层次、有计划地完成其他次要功能。

毫无疑问，提升直播体验和拓展用户互动方式是直播功能优化设计的关键。因此，我们从用户端的“直播中”和“互动”页面入手，进而展开设计；先由视觉设计师完成若干初稿设计，然后和项目组进行反复沟通，确定视觉风格，最后再推广其他页面进行设计。

在视觉设计师进行风格探索的同时，交互设计师需要完成整个链路的梳理工作，将各页面和各功能进行串联，如图 2-58 所示。

图 2-58 直播项目流程图

2.5.4 提取直播特性

基于前期高效率的工作执行，在以上任务都完成之后，我们还利用了空余出的几天时间来思考直播设计的痛点。

我们要思考的设计问题就是设计的切入点在哪里。仔细想来，从营销导购到内容导购变更，更多的是从争“利”到争“人”，所以我们的设计点将围绕如何“吸引人”进行展开，具体主要表现在以下 5 个方面。

1. 增加观感，降低干扰性

在旅游行业，有“千句话不如一张图”的说法。而针对直播，则可以说是“千张图不如一段视频”。所以在图标的设计上，我们采用了“线性图标”的样式，文字背景也采取了“半透明”样式，这样不仅能够保证画面不被遮挡，也强化了内容自身的表现力，如图 2-59 所示。

图 2-59 直播样式设计

2. 营造热闹氛围，诱导人气互动

这一块的优化运用了一些动效，可以让画面鲜活起来，而其采用彩色字设计用户名的方式，也营造了一个多人捧场的氛围，并增添了产品的娱乐感。同时，为了强化用户的参与感，当有用户进入产生“点赞”或“购买”行为时，屏幕上都能得到及时的信息反馈，如图 2-60 所示。

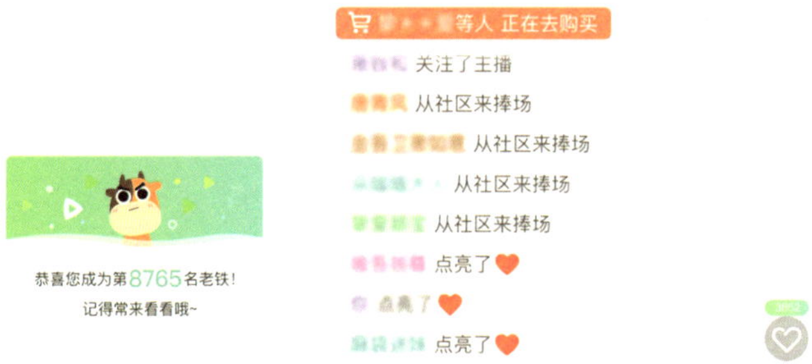

图 2-60 直播样式设计

3. “导购”的色彩处理

途牛标志中的绿色、黑色和白色是整个设计的主色调，凡是与购物相关的模块都采用带有品牌属性的橙色，以此来增强用户了解相关内容的欲望。

4. 渗透行业特性和途牛元素

这一部分主要体现为购物袋里出现的世界地标建筑、点赞出现的小元素等，如图 2-61 所示。

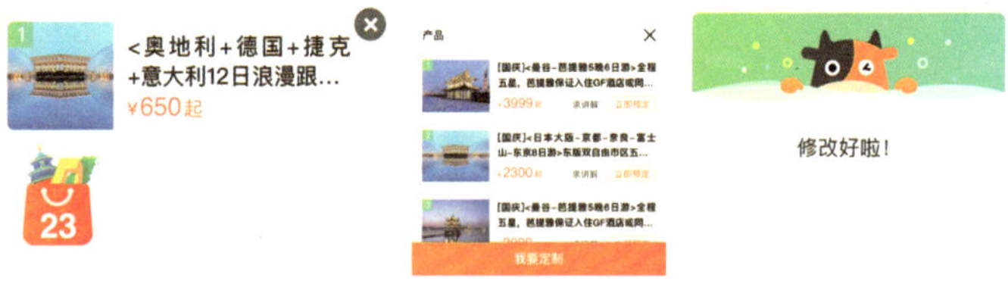

图 2-61 直播样式设计

5. 沉浸式观看体验

受国内各种视频 App 的启发，我们在直播界面的交互设计上坚持了“不中断直播”的操作原则，通过视频窗口的缩小、悬浮等方式，保证用户在进行其他操作的时候，依然能够保证正常观看直播，而不会出现中断的现象。

2.5.5 项目管理中的一些经验分享

在项目快速迭代过程中，我们总结了一些经验，相信可以帮助大家少走弯路，更高效地完成敏捷开发。我们的经验主要有以下 3 个方面。

1. 组件复用

由于时间限制，对上文中提到的“分屏模式”和“全屏模式”，我们只能选择其中一种作为一期开发。通过之前的总结，以及基于其对新产品的冲击力、初期运营成本等考虑，我们决定先开发“全屏模式”，同时将项目拆分成 3 个子任务，并保持人员的循环投入，产出的分批交付。同时通过对竞品的分析，我们发现，用户端涉及的页面体量较大，主播端与导播端可以复用它的绝大部分控件，我们可以在设计用户端的同时，产出设计规范，从用户端入手进行产品设计，其所产出的控件可以在下面的子任务中复用。

2. 规范制订

常规的规范制订流程就不在这里一一复述了。在架构方面，我们将页面分为临时层、结构层和背景层 3 个维度，这种结构的划分能帮助我们在制订规范时避免遗漏，对于研发部门来说也更容易理解，如图 2-62 所示。

图 2-62 页面架构示意图

不同的交互规则对应的设计规则的定义也不同。直播类页面不同于我们通常见到的销售链路，它的触发规则多种多样，这里我们也尝试着对此进行定义。图 2-63 所示的是对话区的一个规则情况。

图 2-63 直播交互规则定义

3. 迭代优化

项目上线后，我们还需要面对上线后的问题和后期需要完成的迭代任务，这个阶段设计的侧重点主要转向“试错”和“迭代”这两个方面上。

其中“试错”是敏捷开发的方法之一。由于对直播类项目经验的缺乏，很多的方案都是“摸着石头过河”，需要通过试水市场和真实场景测试，再对已有方案进行循环优化，从而逐步完善业务的整体体验。例如，对导播端的设计，在一开始我们只是理想化地把导播认为是主播的助理，功能点也只是主播端的缩减版。产品上线后，我们发现导播端其实需要更强大的功能支撑，如发红包、筛选用户问题等。用 App 端显然无法承载这么多功能，于是在后期我们将导播端改成了 PC 端。

设计师自驱的体验修复，可以先将动机拆解为局部功能和全局体验这两类。针对局部体验来说，上一版本遗留问题是可以通过快速迭代来解决的。针对全局体验来说，历史遗留问题与版本功能无关，属于基础体验，而且一旦修改，就需要梳理整个产品所有的场景。

小结

没有绝对成功的产品，只有在某一阶段相对适合用户的产品。直播是一个变革用户行为的产品，对其所进行的一切优化和发展，都应以用户的需求为核心。而在项目管理中，采用敏捷的开发模式，循序渐进地进行有计划的产品开发和升级，可以帮助我们实现“小步快跑”，用最快的时间提升用户体验，实现最终目标。

2.6 赋能新旅游零售平台建设

△ 文 / 宋瑞娜

2017 年被称作是新零售的元年。在这一年，阿里巴巴集团 CEO 张勇提出了“新零售”概念。在通过大数据、互联网重新构造“人”“货”“场”的场景过程中，数字化技术已被逐渐应用在传统实体零售的每一个环节当中。

在新零售业务领域中，平台与用户、商户间的合作越来越深入，精细化、差异化的诉求较途牛现有的主营业务来说有着较大差别，其复杂性和模糊性更加要求零售商对商业逻辑和系统问题有更深入的研究。

2.6.1 了解零售通项目

零售平台改版项目作为途牛 C 端业务的典范，在产品层上主要有以下几个特点，如图 2-61 所示。

1. 商品以套餐形式售卖，内容结构较差

例如，在零售通的详情页，套餐内部的机酒目的地服务等资源，很少会存在结构化的数据，商户多是以打包成完整的套餐进行售卖的。不同于途牛自营类商品，每个度假产品均细化到单资源的粒度，更适合用户选购。

2. 配置标准化较差

自营商品有统一的系统配置标准，而零售平台则没有。不同商家的使用习惯不同，在产品配置上，对系统的功能认知和熟悉程度也不同，导致出现同一个功能区块被用于不同目的，零售平台管理较为混乱的现象。

3. 产品在不同平台间的通用性

零售给商家、用户的商品会在不同的平台同时销售。不同平台间的后台系统不同，前台页面的结构也会有所不同，由此也会为商户在不同平台上的维护带来很大的麻烦。平台初始的商户很大部分也是其他平台现有的商户，因此需要考虑商户在不同平台上前后台体验的一致性，以及迁移成本的最小化，如图 2-64 所示。

图 2-64 零售通项目线上问题

新零售改版前，由于业务逻辑不清晰、版面陈旧和操作复杂，导致投诉较多、用户跑单量大和整体转化率偏低等问题。针对以上问题，我们提出了本次的改版优化策略，如图 2-65 所示。

图 2-65 价值重构三步走

提示

改版一般都会面临风险大、业务多和影响范围广的问题。由于此次的改版业务关联较大，涉及链路的场景较为复杂，所以在改版前，我们进行了充分的调研与数据分析工作。

2.6.2 了解定位，转换视角

在商业大背景下，任何决策都是服务于商业目的的，包括用户体验设计。途牛新零售改版的目的就是让用户使用更方便，高效地完成购买流程。体验设计可以赋能商业，为了将商业目的最大化，我们要做的是发现零售用户的购买方式、喜好和需求点，为他们提供好的购物体验。

结合以往的设计经验来说，互联网公司的工作模式主要围绕“需求→交互→视觉→开发测试→上线”的流程来进行。体验设计在整个设计流程中处于产品的中下游，所以要想真正地展示设计价值，就要逐步从中下游延伸至中上游，而这里所说的“中上游”就是指产品的需求环节。

初级设计师习惯一拿到交互框架草案就开始进行界面美化，很少去想为什么要这样去解决，这样的做法是不对的。在拿到交互框架草案的时候，应先与产品经理有一个充分的沟通，主动参与到产品的整合行动中来。在与产品经理沟通的过程中，我们可以更清楚地理解产品定位，避免出现过于“假大空”和没有说服力的设计。

通过与产品经理的沟通，我们知道这次改版的需求和目的是针对零售平台商户、用户不同的特性，保持界面的统一性和高效性，达到简化下单流程、提高效率和提升用户转化率的目的。

而在设计层面，我们需要确保设计语言和交互操作与途牛自营类用户习惯保持一致，并在此基础上，针对零售平台产品信息特点进行有目的的呈现，更加有效地传达品牌信息。在保证用户体验的基础上，我们要尽可能地减少用户交易前的操作路径，更高效地实现用户的下单需求。

2.6.3 统一战线，确立目标

经过前期的了解，我们大概知道这次产品的需求目标，可以通过产品诉求来推导我们的设计方向。在设计方向确定之前，我们需要对现有的设计进行分析，从而更准确地判断出我们要改版的方向。

1. 竞品分析

明确需求以后，我们就可以发散思维，探索各种可能的解决方案了。我们可以选择同领域的产品作为目标竞品，比较两者之间的差距，得出有效的结论，从而增强我们的产品竞争力。竞品分析能够让设计师快速了解自家产品在竞争中所处的地位，帮助我们全面了解产品，并让我们看到自身产品与同领域别家产品的差距。

横向上，我们选择竞争对手作为目标，然后选择旅游领域的携程、飞猪、马蜂窝、穷游和美团等平台进行对比分析；纵向上，我们选择零售行业的先行者即京东、淘宝和苏宁等进行对比，如图 2-66 所示。

图 2-66 调研队列

在调研分析中我们可以看到，在零售链路中，购买流程一般沿用了平台本身的操作流程，即“搜索商品→了解详情→选择团期→选择资源→填写订单→提交订单”。该流程与自营商品流程一致，问题也比较突出。其订单流程较长，信息填写较为复杂，导致用户操作过程中出现了不少“跑单”的现象。复杂的信息填写容易引起用户的负面情绪，并可能让用户主动选择离开页面，如图 2-67 所示。

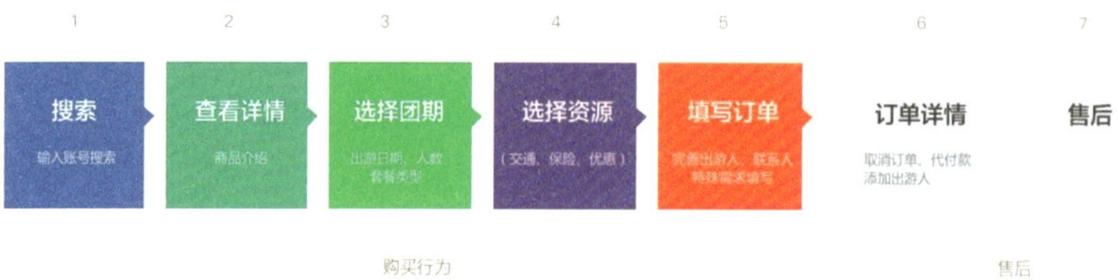

图 2-67 一般零售产品的购买流程

再来看看途牛自身的产品数据。从途牛零售从发起订单到下单的流程的数据表现来看，如图2-68所示，用户搜索商品到查看详情的UV转化率较高，提升空间不是很大，而从“查看详情”到“填写订单”再到“生成订单”的UV转化率相对较低，这个环节的体验和UV数据有较大的提升空间。究其原因，从搜索列表进入详情页，部分用户并不是准用户，可能只是误入到此页面而已，因此这部分用户从“了解详情”到“提交订单”的转化率是很低的。同时，也有少数用户会因为无法正确理解商品信息而跳失中断他的浏览。**由此可以看出，商品详情页作为承载商品介绍信息的主要页面，对于引导用户购买商品，提高“下单转化率”至关重要。**

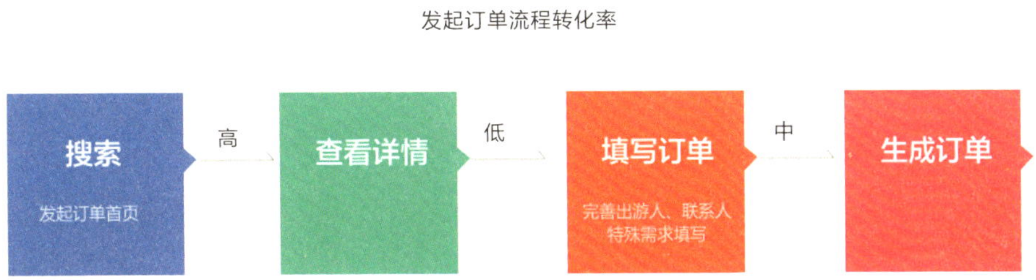

图2-68 途牛零售订单转化率

通过分析，我们可以总结出市场上零售链路的优劣和劣势。

优势：购买流程与平台自营购买流程相似，降低用户的操作门槛、学习成本较低；零售链路与平台相比，增加店面介绍和评级，增加用户的信任度。

劣势：操作流程较长、如订单填写、出游人信息填写，也有少数用户会因无法正确理解发起订单功能而跳失；详情页层级结构模糊，产品优势突出不明显，导致用户下一步操作转化率偏低。

在设计过程中，需求方容易被他人左右或者摇摆不定，在个人喜好的设计风格面前，非常容易将产品决策和使用人群忘记，这时候就需要我们确立设计方向，确保我们设计的主题和大概方向没有偏移。

根据前期的竞品分析和市场调研的分析结果，我们将此次改版设定为以下3个方向：一是详情页优化，简化层级关系，突出产品详情特色，提高用户的兴趣点，转化为下一步操作；二是缩短、简化下单流程，提高转化率；三是视觉上保持简洁性、统一性、流畅性和舒适性。

图 2-69 原型图梳理

2. 原型梳理

经过前期的竞品分析，我们对线上原型结构进行了全新的梳理：调整详情页结构，突出产品特色与优惠信息；针对零售自身的特点，将下单流程进行全新的梳理，简化订单填写内容，部分信息可在出游者提交订单后填写，大大缩短了订单填写时间；在选择团期方面，不仅增加了出团时间选择功能，而且增加了出发地维度和套餐类型的多维度选择，最大化地匹配用户出行需求，如图 2-69 所示。

3. 详情层级体现

能进入详情界面的用户，通常是购买目标性较强的一些用户。如果详情页上的信息量太大，那么用户在查看时需要花费大量的时间，由此可能会造成用户的反感，导致用户跳失率的增加。因此在详情页的内容呈现上，要求抓住用户特性，将用户需要的一些重点信息推送给他们。用户的认知到决策的过程通常为“注意→兴趣→欲望→行动→记忆”，这也是一个从感性到理性，再到感性的过程。当用户做出购买决定时，是否能够简单地从这一页上获取关于产品的信息就显得至关重要。详情的结构布局，就是按照用户的购买决策过程来的，如图 2-70 所示。

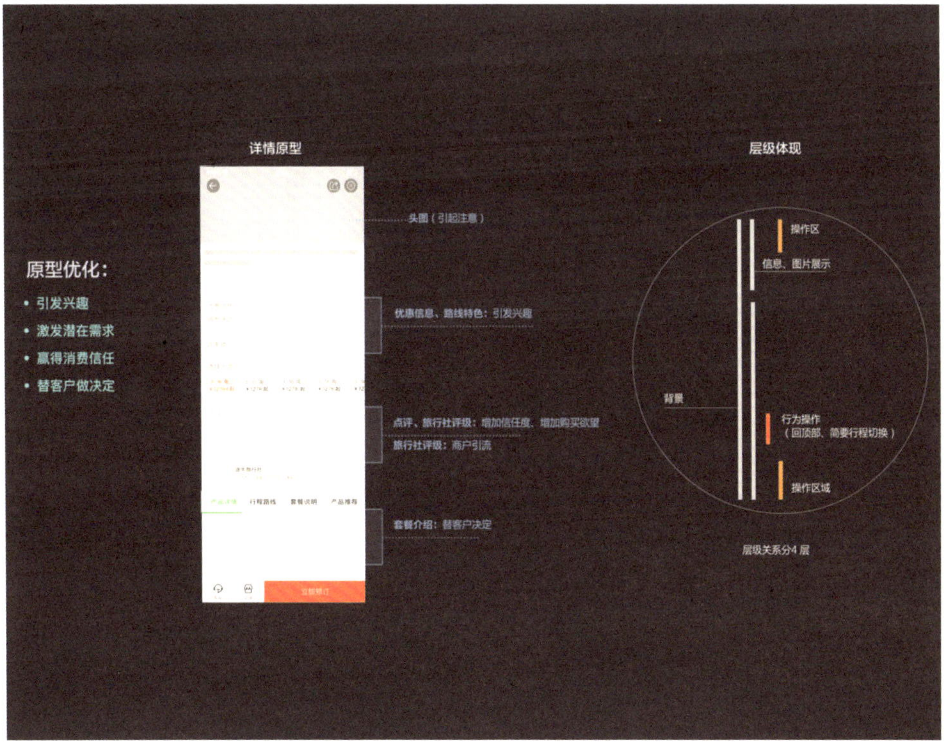

图 2-70 模型结构分析

详情页在链路上起到的作用是激发用户的购买兴趣。详情页作为承接首页的“入口”，起到将用户带入更深层级进行操作的作用。从用户的角度来讲，用户通常希望在此页面能看到更多真实的信息，方便自己尽快做出购买决定；从商户角度来讲，在详情页中他们则希望能尽可能多地展示产品的优点，促成交易，并在此基础上为自己店铺引流，从而带来更多的产品销量。

因此，针对不同用户的不同认知和不同阶段的诉求，我们选择将路线套餐更精细化、颗粒度更小化，且更多样化地来匹配用户的出行需求，具体的可包含为以下 3 个方面。

第 1 点：多维度出发地，如从华东出发、从华北出发和从上海出发等。

第 2 点：多维度套餐升级，如南京出发经济型、南京出发豪华型等。套餐更为精细，根据用户不同的线路需求进行精确定位。

第 3 点：多维度引流。店铺的其他旅游线路的商品关联推荐和相似套餐的商品关联推荐，在用户没有选择合适商品的情况下，对其他线路套餐进行多维度的引流。

详情视觉内容模块整体布局与自营平台保持一致性。在细节上，针对新零售业务进行一些差异化的处理。如参考交通或天气露出适用的用户出行的选择信息，同时商家可根据自身产品特色，在详情页中嵌入一些商品详情专题信息等，如图 2-71 所示。

图 2-71 详情专题页效果

新版详情页的页面信息相对老版过滤了部分无效的订单信息，缩短了用户的下单时间，层级结构上被简单地分为背景层、结构层和互动层，如图 2-72 所示。

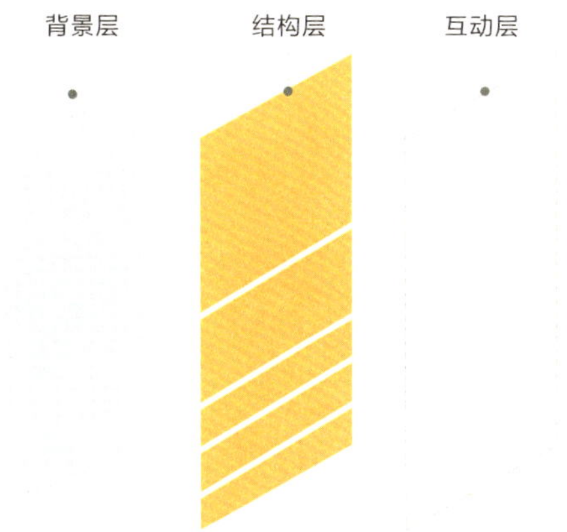

图 2-72 层级结构

（1）流程优化

针对内容消费类 App，在 90% 的情况下，表单填写都是一次性的。表单和用户的交互程度较高，因此在设计表单的时候，需要尽量把意思表达明确，避免在表单填写上浪费掉用户太多的时间，从而让用户失望。

在零售平台的下单流程上，我们主要针对以下两点进行优化：一是简化订单填写的复杂度。出游信息可在提交订单后补填，同时出游信息可在一个界面快速完成后提交，从而提高下单效率；二是在套餐选择上，针对零售线路特色增加出发城市选择。针对套餐类型模块内容，用户可以在一个页面快速完成套餐线路的选择，提高用户的下单效率，如图 2-73 所示。

图 2-73 表单页效果

（2）情感化融入

在如何为“冰冷”的表单填写融入途牛特色的人文情怀的探索中，我们尝试搭配一些不同的、符合场景的插画，便于用户理解，并让用户直观感受到当前页面的状态。易于理解的表单能够帮助用户更好地完成填写，让用户与表单产生情感交流，而不是一味地填写订单。此外，在用户订单信息填写有误的情况下，提醒并帮助用户找到错误的位置和原因，这样的做法可以让用户感到舒适，同时感觉到自己得到关注，如图 2-74 所示。

图 2-74 订单详情

小结

本次零售平台升级，整体框架的设计遵循高通用、可复用的原则，以便后期的功能扩展能够快捷有效地进行。针对新品类的新页面制作，可以最小的成本和工作量来实现，并高度保持体验的一致性。我们要根据业务的自身特点和用户的特定需求进行有针对性的设计。局部特异化，可以帮助用户根据一个套餐快速匹配出游需求的套餐。

值得庆幸的是，在我们的新零售平台上线以后，签单率得到明显的提升。Q3 季度签约订单转化比改版前增加了两倍多。后续我们也将始终秉承着“全局思考，多套合作”的思想持续对业务进行探索。

设计在业务改版过程中的能动性不仅仅表现在单纯的视觉效果上，无论是在前期的探索中，还是对设计方向的确立，设计都能对用户的操作起到引导的作用、提高业务能动性。在整个改版过程中，要配合分析询单率、停留时间、转化率和访问深度等问题进行不断优化。此次零售平台升级内容只是给大家提供一个参考。在实际工作过程中，面对不同的产品，改版的具体形式和方法也应该是不同的。

第 3 章

融合——设计策略

3.1 探秘旅游互动娱乐营销思路

△ 文 / 郑文旭 屠静

互动娱乐营销是以娱乐节目为传播媒介，以网络平台为载体，使用户与品牌实现双向沟通，将品牌和产品融入用户喜闻乐见的环境中，让用户以更轻松的方式了解品牌和产品，并最终得到用户反馈、用户消费与品牌传播，达到品牌和产品营销的目的。

3.1.1 互动营销的浪潮

2008 年，可口可乐公司与腾讯网合作推出了“在线火炬传递”的互动营销活动，在短短的 40 天里就吸引了 4000 万人参与。在人们惊叹这次活动的成功之余，广告主们也体会到了互动营销的魅力，纷纷开始在互动营销活动中发力。

基本上每一次媒体形态的进步都给营销产业的发展带来了新机遇。随着移动互联网的兴起，互动营销转移阵地，来到一个更加适合它发展的地方。移动互联网时代的到来，使得互动不仅成为一种时尚，还成为消费者的一种消费体验和习惯。

这种消费体验和习惯，通过短信、微信、微博、BBS、移动互联网、在线支付和二维码等多种渠道可以得到充分的表现，成为现代营销不可或缺的组成部分。毫无疑问，互联网带来的“互动性”这一媒体形态的变化是营销产业实现跳跃式发展的一个重要契机。

3.1.2 娱乐消费的时代

随着媒介的不断升级换代，人们收看娱乐节目的成本也越来越低了，这样一来，娱乐综艺节目便成了娱乐领域的“常青树”。

2005 年，因冠名《超级女声》，使蒙牛酸酸乳“酸酸甜甜就是我”的广告语家喻户晓，酸酸乳产品的销量更是比 2004 年同期增长 2.7 倍。在 2010 年央视春节联欢晚会上的某个小品节目中，赫然出现了“国窖”的元素，一时引发了大众对广告植入问题的广泛讨论。虽然在 2010 年时，植入广告的舆论的“天平”几乎完全倾向“反对者”一边，但在之后的几年里，植入广告还是像洪水猛兽般地席卷了市面上几乎所有的综艺节目和影视剧目，大众的反感情绪也逐渐消退，甚至对节目中的广告植入习以为常。

电影《心花路放》带动了大理的旅游热度，真人秀《向往的生活》则引起了猴姑米稀的热销……这样由一部电影或娱乐节目掀起消费潮流的例子不胜枚举，体现出了娱乐消费巨大的市场潜力。

3.1.3 搭上娱乐节目的“顺风车”

途牛先后与国内几档关注度很高的综艺节目达成合作关系。合作的节目种类非常丰富，包括“花样姐姐”“花儿与少年”等旅游节目，“爸爸去哪儿”“奔跑吧兄弟”等户外真人秀节目，以及“中国好声音”“最强大脑”等江浙地区的人气综艺节目，如图 3-1~ 图 3-3 所示。

图 3-1 途牛与“中国好声音”合作的线上活动

图 3-2 途牛代言人 TVC

图 3-3 “跟着 Jay 去旅行”活动

在与《花儿与少年》的合作中，途牛的意大利方向的产品销售量得到了显著的增长。在与第 4 季《中国好声音》合作时，节目播出中观众通过“摇一摇”功能就能获得途牛发放的总计数亿元的旅游红包。在节目播送期间，人们对途牛品牌的认知度有了大幅度的提升，新用户注册量较平时多了 10 倍，每一期节目都会有 200 万以上的用户参与到互动中来。

2016 年初，途牛网还和云南卫视合作推出了一档“90 后”环球旅游真人秀节目《出发吧我们》，途牛元素深度植入。全网正片播放量累计超过 4000 万次，配合线上的促销活动，途牛的品牌进一步深入人心，如图 3-4 所示。

图 3-4 《出发吧我们》真人秀

如何能够将互动营销的巨大魅力与娱乐消费市场的巨大潜力结合起来，为我们创造更多的业务价值呢？与基于互联网时代的社会化营销不同，互动娱乐营销更加强调了营销的互动性和娱乐性，提倡传递更新鲜、更有创意的品牌内容，通过内容营销来鼓励消费者们积极参与创造和互动。在传播品牌内容的同时，使消费者从中感受到轻松和愉悦，从而在充满乐趣的体验中感受品牌的文化和理念。

3.1.4 探秘途牛娱乐互动营销思路：《奔跑吧兄弟》案例分析

从 2015 年开始，途牛升级了全新的品牌形象，并开始在线上、线下全面展开宣传攻势。2016 年，途牛与第 4 季的《奔跑吧兄弟》开展合作，除了诸如“看节目摇一摇领红包”“节目贴片广告”和“线下联合宣传物料”等这些传统的整合营销方式外，途牛决定尝试增加互动娱乐营销活动来进一步打响这场品牌战役。

1. SWOT 分析

考虑到这是我们初次接触互动娱乐营销活动的策划，于是决定使用 SWOT 分析模型来对整个项目进行一个整体上的分析，如图 3-5 所示。

图 3-5 SWOT 分析模型

从 SWOT 分析中我们可以看出，《奔跑吧兄弟》的人气可以给品牌带来极大的曝光量，所以要想充分利用此次合作良机，就要将“获取新用户”作为关键目标。

但是，《奔跑吧兄弟》的合作品牌很多，而且节目对合作品牌的限制也很大，途牛很难在其中博得特殊的关注，因此必须要追求途牛品牌在节目外的传播，通过互动娱乐营销活动，来加大途牛的宣传力度。

2. 目标受众分析

为了更好地获得活动策划的指导思想，我们分析了《奔跑吧兄弟》的收视人群。根据网络上的大数据分析结果显示，《奔跑吧兄弟》的主要受众的教育程度以大学本科和大学专科为主，两者占比近 60%，整体受教育水平相对较高。同时，随着节目中的推荐，第 3 季的受众人群的平均月收入呈上升趋势。而受众人群的年龄主要集中在 30 岁以下的青年人，并以“90 后”为主。以地域进行划分，受众人群主要分布在“北上广”和较发达的二线城市，如图 3-6 所示。

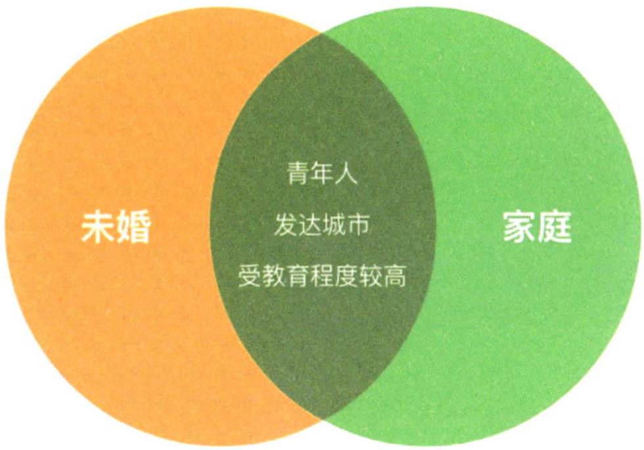

图 3-6《奔跑吧兄弟》的收视人群

由此可以发现，《奔跑吧兄弟》的受众群体与途牛的潜在消费人群存在很大的重合。也就是说，我们只要把握住这部分受众的喜好，就能较为精准地吸引潜在顾客。

3. 开发受众的互动需求

互动营销虽然对我们的业务创收来说有莫大的好处，但一味“填塞”也会让用户“吃不消”。受众的消费习惯和心理发生了改变，互动营销的思路也应该随之变化。基于前文对受众群体的分析，我们对这次的互动营销活动提出了以下 3 个关键点。

（1）参与互动营销的便捷性

实施互动营销，就是要让访问者很方便地参与其中，避免需要经过复杂的过程才能参与进来，否则访问者参与互动的概率就会小很多。

（2）互动营销对受众所产生的价值

要想让访问者参与互动营销，对访问者必须有利益的驱动。例如在营销过程中，我们可向用户提供一些购买产品的优惠券或奖品，以此来提升用户参与的概率。

（3）降低受众参与的成本，提升用户体验

成功的互动营销注重用户体验和跟踪服务，只有让用户产生愉悦感，才能达到产品营销的目的。适当减少活动的复杂性和交互次数，并增加活动方式的提示，可以有效降低受众的参与成本。

4. 推出互动跑酷游戏

让节目热点变为事件背景，再将领券变为结果，通过抽象再具象化，可以让表面上毫不相关的两者产生实际的内在联系，让一切都变得自然而然。

《奔跑吧兄弟》的受众比较偏年轻化，对于多样化、趣味性的互动游戏有更高的接受度。《奔跑吧兄弟》的奔跑元素与跑酷游戏能够很好地结合起来，如图 3-7 所示。

图 3-7 跑男跑酷 H5 游戏

除此之外，跑酷游戏还有很多优势，主要表现为以下 3 个方面。

（1）娱乐性

“Temple Run”（神庙逃亡）、“地铁跑酷”等跑酷游戏风靡一时，大家对跑酷游戏的玩法都非常熟悉，上手成本低。同时，我们在画面中增加了许多“跑男”角色，使其与节目内容很好地进行贴合。

（2）互动性

利用微信的社交属性，增加了“与好友 PK”和“分享战绩”功能，以此让活动能够更好地得到传播。

（3）激励性

在游戏中，我们投入了大量的优惠券和旅游券作为奖励，鼓励受众参与互动和传播活动，进一步扩大活动的影响力和转化率。

除了跑酷游戏，我们还开发了一款“撕名牌”的游戏，同样强调了娱乐性、互动性和激励性。

◎ 小结

从2015年途牛搭上娱乐节目的“顺风车”开始，到2016年与《奔跑吧兄弟》的互动娱乐营销尝试，途牛品牌借势打开新的局面，如图3-8所示。但是我们也从中发现了这一方式的一些弊端。以“拉新”（指吸引新的用户）为目标的营销活动，随着节目进程的推进，热度逐渐降低，新客占比呈下滑趋势。而在节目热播时间与旅游业旺季重合的情况下，GMV涨势明显。

图3-8 途牛品牌借势新格局

所以说，虽然互动娱乐营销是一个广受推崇的营销方式，但它也有自身的局限性。互动娱乐营销无法完全取代原有的营销模式，但它仍然是移动互联时代下最主流的选择。目前，对于这一块我们仍然处于不断探索的过程中，相信有一天能找到更好的方案。

3.2 艺术的表达

△ 文 / 石婕 刘星

提到艺术，大多数人会觉得它离个体生活甚远。毛姆在小说《月亮与六便士》中写道：“老实讲，把艺术看作只有名工巧匠才能完全理解的艺术技巧，其实是一种荒谬的误解。艺术是什么？艺术是感情的表露，艺术使用的是一种人人都能理解的语言。”其实，在你毫无察觉的情况下，艺术如影子一般，早已潜移默化地出现在看似索然无味的生活中，并成为其必不可少的一部分。

车尔尼雪夫斯基说：“艺术，源于生活，又高于生活。”放学了，背着书包，以博尔特的速度狂奔到家，准点收看《灌篮高手》；生日当天，收到了男朋友送来的一份礼物——你魂牵梦萦了很久的一个包包；除夕将至，贴上了书写工整的对联，挂上了做工精致的灯笼，为家里营造出喜庆的年味。无数艺术家通过再创作，将艺术折射进平凡的生活。艺术通过不同的表现形式，陶冶着人们的情操，愉悦着人们的生活，同时在人的骨子里刻下来自文化和历史的传承。

3.2.1 艺术在互联网中的表达和运用

艺术的表现形式有千万种，并不能一一列举出来。在这个互联网时代，很多线上平台对于运用艺术形式来营造氛围也越来越得心应手。在大多数互联网公司中，较常使用的艺术表现形式有插画、实景合成、视频、3D、黏土和纸艺。

这里我将详细向大家介绍途牛较常使用的艺术表现形式。

纵观途牛的视觉设计案例，较常使用的是实景合成和插画设计。说到实景合成，很多人会立刻联想到电影海报。但在电影海报的设计当中，其实更多的是通过使用真实的景物与 3D 素材合成在一起。而我们经常使用的实景合成，更多的是通过抠取不同图片中的物体，拼合在一张图中。相比前面与 3D 合成的方式，后续的处理手法对于设计师的寻图和拼合能力的要求会更高。我们能通过这种设计手段有效地构造出符合自己和用户心理预期的旅游目的地，高效地传达旅游目的地的文化和气质，勾起用户出游的欲望，如图 3-9 所示。

图 3-9 运用在营销活动中的实景合成设计

相比实景合成，插画设计在我们的日常工作中的使用频率更高。不管是途牛的闪屏、促销活动、icon 还是 H5，设计师首先想到运用的就是插画。

在这些常用的形式中，经济成本较低的插画是很多公司的首选。插画借助于视觉语言，将所需表达的主题和思想形象化、直观化，使用户凭感官就能够更好地感受到它的神韵及其所带来的真实感，并以概括而简练的形式诉诸画面，从而传达出作品本身的含义。相比其他表现形式，插画能较快地制造观感和氛围，一些时效性较高的工作也较常使用插画来完成，如图 3-10 和图 3-11 所示。

图 3-10 途牛闪屏插画设计（1）

图 3-11 途牛闪屏插画设计（2）

插画之所以能被这么广泛地运用，除了以上提到的成本低和效率高的原因以外，还在于它能传达的观感更加丰富，所能营造的世界更为光怪陆离。部分不适宜使用实景设计的画面，通过使用插画表现后，也能增加很多趣味性，如图 3-12 所示。

图 3-12 途牛 H5 游戏的部分画面

当然，我们也在尝试其他的表现形式。近几年，超轻黏土在视觉设计中开始被广泛运用，其可塑性和立体感为途牛视觉设计师们打开了一扇新世界的大门。在 2018 年的暑期大促中，我们尝试了黏土的表现手法。在前期的黏土捏制过程中，团队的所有设计师都热情高涨。对于新鲜事物，设计师永远保持着好奇心，这种好奇心也驱动着我们跑得更快。

虽然大家对于黏土的捏制较为陌生，但通过不断的学习和临摹，最终的成品还是比较令人眼前一亮，如图 3-13~ 图 3-15 所示。

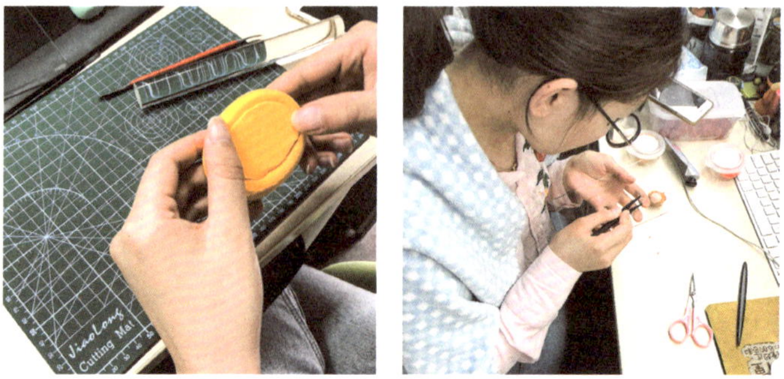

图 3-13 黏土的制作场景

图 3-14 制作好的黏土作品效果

图 3-15 最终上线活动的效果图

3.2.2 符合旅游特性的动态场景

途牛作为一个 OTA 平台，以售卖与旅游相关的产品为主。相较于其他电商产品来说，旅游电商产品属于低频、高客单价的商品。近几十年，随着社会的发展和进步，越来越多的人对精神生活有了更高的追求。现实生活中的压力和对未知的好奇与向往，让人们经常产生旅游的念头。

如何将人们产生的旅游愿望转化为行动，是我们一直在思索的命题。因为旅游的特殊性，相比静态的图片，动态的视频更容易让用户产生共鸣，产生身临其境的观感。而途牛的“老于推荐”系列便运用了视频的表现手法，让用户在浏览旅游产品的同时，通过观看相关目的地的视频，了解目的地的自然风光、人文风情和风俗文化。

留尼汪（见图 3-16），号称印度洋上的最后一个冒险岛，视频的导演通过镜头将岛上如人间仙境一般的美景渲染出来。用户在观看时，灵魂如同被洗涤过一般清爽，这种灵魂的触动是静态图片很难达到的效果。

图 3-16 《老于推荐》——留尼汪预告片截图

小结

通过以上所述，相信大家对我们在用户体验设计中所运用的艺术表达形式已经有了一个基本的了解。我们一直在尝试和努力，希望用户通过我们的设计获得愉悦感和幸福感。旅游是一件美好的事情，将美好通过我们的设计表达给用户，把我们所想表达的感情表露给用户，是我们持续并将继续为之奋斗的目标。

3.3 途有好货·衍生优品

△ 文/ 刘欢

我们在过去常常提及的"吉祥物"，如今已摇身一变，化身成一种新的事物——IP。从字面意义来看，我们可以将 IP 理解为"知识产权"。不过，活跃的商业世界赋予了它更多的内涵和想象力，如各类火爆的卡通形象和一些对应的周边产品，以及将各路明星、网红作为对象制作而成的被竞拍的 IP 对象。对此，我不禁产生了这样的疑问："是 IP 的定义变了吗？"在此过程中，我们逐渐意识到，任何具备传播属性并能因此变现的事物都是 IP，这导致了一个很有趣的现象的出现：每个主营 C 端业务的公司都希望自己的品牌能成为一个 IP，既自带传播属性，又能笼络人心，还能顺带打开品牌周边的市场（如淘宝的淘公仔、京东的 joy 狗等）。面对这样的一个诱惑，我们同时将目光投向了一个叫作"吉祥物"的东西。

3.3.1 萌物养成记

途牛 IP 品牌的设计以公司名字中的"牛"的形象为主要依据。在日常生活中，牛总能给人一种踏实、耐性十足的印象，很受大众的喜爱，因此在 IP 设计中，我们以"牛"的形象为基准，建立起更具亲和力的"公仔牛"形象，如图 3-17 所示。

图 3-17 途牛品牌形象

1. 呱呱坠地

途牛品牌的第一款衍生产品是一只公仔牛，它拥有“吉祥物”应有的全部元素——轻巧、可爱和具有品牌特征。无论是在商务往来中，还是在用户活动中，公仔牛都作为礼品的形式出现在其中，帮助公司在内外的推广活动中传递企业形象，增进与合作伙伴之间的交流。由此，公仔牛在大家的心里扎了根，并随着途牛的发展而不断成长。

2. 茁壮成长

随着公司业务的不断扩大及品类的不断增多，为了迎合不同用户和供应商的喜好，公仔牛吉祥物借着品牌升级的契机以全新的形象来到大家面前。在顺应业务的需求下，公仔牛吉祥物逐渐拥有了多种形态（如毛绒公仔、搪胶公仔、乐高积木和儿童背包等），功能上也慢慢从玩偶公仔逐渐向有趣、实用的生活周边上拓展。自此，途牛衍生品的品类已初具规模。其造型也在与 OEM 厂商的一次次沟通下进行了打磨、统一和定型。经过全新设计的吉祥物形象在公司内外获得了一致好评，如图 3-18 所示。无论是可以抱在手上的毛绒玩具，还是可以摆在办公桌前的搪胶公仔，偶尔瞥一眼，总觉得它在静静相伴于我们，与我们一同感受当下，为我们平淡的生活平添了几分生气。

旧版公仔牛　　新版公仔牛

图 3-18 公仔牛形象升级

3. 我为自己代言

途牛衍生品大家庭和众多其他品牌的周边产品不仅是设计团队呕心沥血的创意结晶，还是企业内在生命力的凝结、外在文化倾向的表现。每一个品牌物料的设计背后都承载着团队对于品牌的拳拳之心。我们将这些真实的情感通过一次次相互碰撞和打磨，封装在了这小小的品牌“外衣”里，它就是我们当之无愧的“代言人”。而且我们不仅愿意让它代言我们的情感和个性，还要让它代言我们温暖世界的决心；它不应只是陪你聆听当下的伴手玩具，还将成为你在远方路上最得力的助手。

以此为契机，途牛衍生品在公仔牛的基础上重新出发，开启了另一段成为高品质出行伴侣的蜕变旅程。产品选品从行李箱，到双肩包，再到旅行三件套……覆盖旅行的方方面面。无论你是否在路上，只要有一只公仔、一件出行好物在身边，我们的心就在你身边，你也会发现我们的初衷很简单，那就是让旅游更简单！

3.3.2 TUNIU DOLL品牌升级

TUNIU DOLL 是从“途牛”母品牌里孕育出的子品牌，也是衍生品品牌的战略主力，其范畴为自主设计研发的纪念品。品牌的出发点是对公仔牛形象进行升华，同时对公仔牛的品类加以细分。

设计之初，我们从途牛 VI 基础图形中提取视觉识别度较高的“牛头”，然后加以修饰，配合圆润的英文字母，共同构成了 TUNIU DOLL 品牌的基本雏形，如图 3-19 所示。

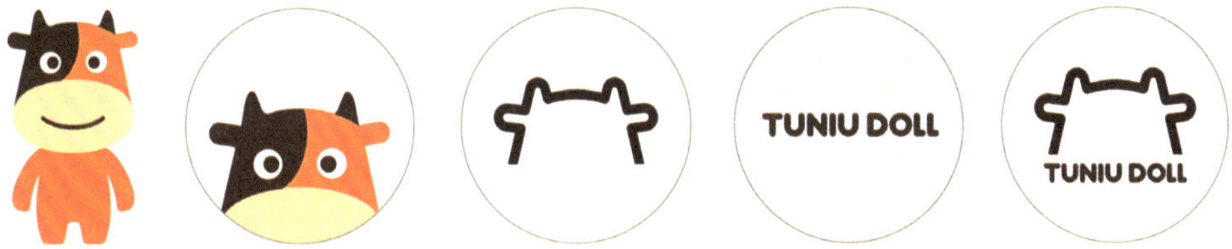

图 3-19 TUNIU DOLL 品牌 Logo 的演变

在 TUNIU DOLL 相关物料的设计过程中，作为基于途牛品牌形象识别中的图形标衍生出的企业形象的公仔牛，既是途牛网传递情感的化身，也是企业文化的“代言人”。在设计过程中我们更是死磕细节、力求完美。下面以几个公仔牛衍生物料的设计过程阐释 TUNIU DOLL 家族的建立。

1. 物料设计

与在网络环境中的交互设计、视觉设计不同，品牌物料设计的场景更多是处于线下，设计内容需要从 2D 平面转变为 3D 立体形象设计，对物料的材质和工艺也需同步学习。在设计过程中，对物料在实际场景中的运用也需及时进行调整，如公仔牛背包的长度、耐用度和耐脏度等。在进行线下物料设计时，复杂多变的真实环境对于设计师专业度的要求会更高。

以“搪胶牛的制作”为例，整个物料的设计过程历经 9 个阶段：三视草图→三维建模→ 3D 打印→泥模→蜡模→铜模→白膜→喷油→移印。只有经过不停地调试和修改，才能获得最终的成品。在此过程中，为了更好地适应搪胶的属性，传达品牌形象，设计师在图形标的基础上进行了一些细节优化，优化内容主要包括以下 4 点，如图 3-20 所示。

第 1 点：优化了轮廓线条，使其看起来更加圆润，视觉上更加卡通化。

第 2 点：表情上继承了原版的“呆萌”特征，然后对嘴角微微上扬的特征进行了强化，使形象更具亲和力。

第 3 点：头身比例按照 1:1 的样式进行优化，整体造型给人感觉活泼可爱。

第 4 点：在稳定性上增配底座，且在脚部与底座位置增加了强力磁石，宜分宜合，两者互相吸引，大大丰富了使用场景。

图 3-20　搪胶公仔牛物料的设计过程

作为品牌物料中最常见的毛绒公仔的设计，因其材质与搪胶的不同，在设计过程中也有着些许不同，主要分为以下流程：三视草图→选料→制版→缝纫→填充→修剪→刺绣。同时，对毛绒公仔的细节也进行了优化，主要包括以下 3 点，如图 3-21 所示。

第 1 点：出于稳定性的考虑，增加了坐姿造型。

第 2 点：在用材上，填充物为高弹 PP 棉，面料为超柔水晶绒，手感舒适。

第 3 点：五官上省略眼睛和嘴部，在增加个性感的同时，留给用户更多的想象空间。

图 3-21　毛绒公仔牛物料的设计过程

2. 物料升级

基本公仔牛物料的量产在很大程度上帮助我们填补了事业部伴手礼的空白，对企业商务合作的开展和产品品牌的宣传都起到了良好的促进作用。但是，当基础款公仔牛的新鲜感过去了，没有变化的品牌物料将很快不能满足用户和市场的需求。于是，我们开始对产品的多样化发展进行了横向探索，如增加款式、扩充品类、增强属性和文化结合等。

（1）增加款式

结合物料制作成本和周期等因素进行考虑，在增加款式方面，我们选择了通用性较高的产品，如相同模型下的搪胶公仔和随着季节限量制作的圣诞牛、麋鹿牛和跨年牛等，给我们的目标用户带来出乎意料的惊喜和期待感，更有甚者燃起了人们强烈的收集整套品牌的欲望，如图 3-22 所示。

图 3-22 搪胶公仔牛形象拓展

（2）扩充品类

继搪胶公仔牛和毛绒公仔牛之后，我们在品类的选择上也根据旅游特性筛选并陆续设计了抱枕、T 恤、眼罩、扑克、车贴、手账和书包等衍生品，如图 3-23 所示。符合旅游场景的品类扩充，更是得到了大家的喜爱。

图 3-23 公仔牛物料合集

（3）功能性增强

为达到更好的品牌宣传效果，提高用户的记忆度，除了固有的观赏性以外，我们还增加了功能性的开发。如图 3-24 所示的亲子款的积木小牛，它由 350 个小零件组成，用户需要根据图纸的说明将其一步步拼装出来，让用户在益智的同时，也享受了亲子时光，非常具有娱乐性。

图 3-24 积木公仔牛物料

在实用性上，我们增加了双面牛产品，如图 3-25 所示。双面牛由高弹莱卡面料配合环保高分子聚合物填充制成，使其拥有双重“身份”：它是一只憨态可掬的小牛，可直接当作头枕，非常亲肤；当将双面牛的腹部拉链打开，然后翻折一下，就会变成一个 U 形颈枕，既有很强的观赏性，又非常实用。

图 3-25 两用护颈枕公仔牛物料

（4）文化结合

随着用户对产品的个性化、小众化的追求越来越高，基于个性创意、面向小众的文化产品形式愈发具有吸引力和感染力。毛绒公仔的新年定制版根据传统文化中的十二生肖进行创作，在保留毛绒公仔原型的基础上，通过不同的衣着装扮，突出生肖形象特征、赋予其新的生命，如图3-26所示。文化与创意结合，有助于丰富产品的情感诉求，让衍生品更具生命力。

图3-26 毛绒公仔牛十二生肖版（部分）

成功的品牌扩展有助于我们提高新产品的市场认知率、节省新品的推广费用，巧妙地借助品牌已有的影响力，将用户对品牌的认知及好感扩展到新产品上。恰当的品牌扩展，可以在起到丰富产品的作用的同时，增加用户新的体验感，加深用户对品牌的记忆，增强用户黏度。

3.3.3 你身边的出行伴侣——自营百货

利用现有品牌名进入新的产品类别，推出新产品，此类做法可谓“品牌延伸”。品牌延伸是品牌策略的表现，恰当的品牌延伸策略可以借助品牌已有的信誉度向用户推出新品，并在一定程度上节省推广费用。

途牛自营百货是在途牛主品牌的基础上衍生出的一系列旅行用品，结合途牛自身旅游业务的特色，为用户打造身边的出行伴侣。自营百货是衍生品品牌战略的另一个重要组成部分。相较于品牌宣传的职能，自营百货更关注的是用户对产品的功能性体验。

1. 产品规划

对于旅游衍生品而言，一套完整的供应链应包括产品研发、采购、制造、物流和销售。这不仅对设计师的设计能力有一定要求，还要求设计师具备一定的生产能力。审时度势，自营百货类产品采用“OEM（贴牌生产）+ODM（原始设计制造商）”的模式进行制作与生产。

在生产模式上，一方面我们选取偏个性化、专注于设计研发和品牌营销的 OEM 厂商，将部分生产加工交由 OEM 厂商完成；另一方面，对于部分原创性更高的产品，我们根据厂商实力，筛选合适的产品，交由 ODM 厂商完成，如图 3-27 所示。

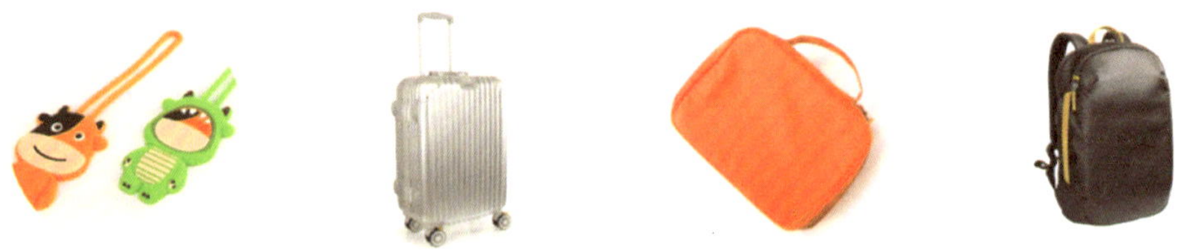

OEM　　ODM　　ODM　　OEM

图 3-27　途牛自营百货部分选品

ODM+OEM 模式的优势表现在有利于资源整合，可以让我们灵活地感知市场，节省产品的研发费用，并且更专注于营销，减少产品的溢价环节，提升供应链的效率。

2. 元素应用

作为品牌营销的新姿势，品牌衍生品的重要性愈发明显。它既能很好地传达品牌信息，又可以让其核心理念得到足够的体现，因此，品牌元素在衍生品上的应用就显得尤为重要。在物料设计过程中，我们根据途牛现有品牌视觉识别系统中的应用规范，结合产品的设计细节进行筛选、提炼，并应用到物料设计中。

以图 3-28 中的双肩包设计为例，在实际生产中，设计师对产品的铭牌、标签、织唛和拉链等关键部位进行了个性化定制处理，将 VI 中提取的“牛头”和“英文组合”元素贯穿于整个产品，既保证了品牌符号的统一性，又避免了元素的过度运用。

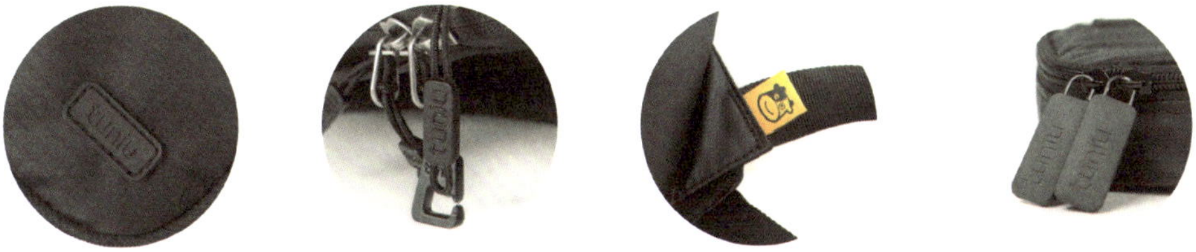

图 3-28 途牛自营双肩包局部特写

品牌元素的合理运用，使得用户可以直观地从产品本身辨别出品牌，保障了品牌形象能够被正向和清晰地传递。

◎ 小结

随着时间的推移，用户容易对品牌主营产品产生审美疲劳，也越来越难被取悦。品牌衍生品的构建有利于激发用户的兴趣，增加用户对品牌的新鲜感，提升用户黏性。

品牌与品牌衍生品之间相互联系、相互影响。品牌的影响力作用可以对衍生品进行有效的推广，而体现品牌文化理念的衍生品对品牌也起到一个比较好的宣传效果，可以吸引更多的潜在用户，反哺品牌，实现无形资产的积累，从而推动企业持续、快速地发展。

品牌衍生品的构建包含了对衍生品的规划、设计、管理和营销等，其组成要素有很多，涵盖范围也广，每一个环节都需要用心为之。“路漫漫其修远兮，吾将上下而求索”。

3.4 跳出同质化窠臼

△ 文 / 刘鸣 陈鹏辉

目前，我们正处在一个信息爆炸的时代。在这个成熟的产品市场环境下，即使你自身拥有很丰富的资源，也难以逃避同质化的竞争。同质化模糊了用户的品牌认知，也意味着更高的竞争成本。在同质化现象“满天飞”的当下，如何通过差异化打破困局，先“跳”出来，直击用户痛点，重新构建起用户的认知，是设计师在构思和设计阶段就应该思考的问题。

在扫码逐渐成为移动互联网操作习惯的当下，“二维码”这个东西随处可见。用户通过手机扫描包含 URL 组合参数的二维码，即可轻松获取二维码背后所承载的大量信息，享受到社交、购物、吃饭和停车等生活服务。二维码在移动互联网的时代仿佛就像是哆啦 A 梦的“任意门”，它是通向线上这个五彩缤纷世界的“入口”。

然而，目前大多数的二维码依旧保持着传统的黑白色块交替的“马赛克”样式，千篇一律的马赛克让用户视觉疲劳，也分辨不清彼此。同时，因为二维码制作成本低，导致二维码扫码陷阱层出不穷，也降低了用户扫码的欲望。

然而，要想跳出同质化的窠臼，制作出不一样的二维码，激发用户扫码的欲望，提升二维码的实际利用价值，并没有想象中的那么简单。

3.4.1 明确场景定位

我们可以还原二维码的使用场景，来发掘用户需求，进而确定产品的场景定位。

例如，当用户看到好的产品，想要约小伙伴一起出游的时候，可以通过“分享”功能，生成二维码发给其他人。其他人通过扫描二维码，获取该产品的链接和相关信息，这就是相对简单的二维码使用场景，而此时的二维码更多的是满足用户工具性的原始诉求。

如果变换一个场景，在引导用户通过二维码扫描的方式前往应用商店下载 App 的时候，那么往往会存在用户需求的不确定性，即无法确定用户是否存在对 App 的工具性原始诉求。因此，如何调动用户的主动情绪，将原始需求升级成更深层次的个性化、差异化的需求，是我们需要探讨的核心。

需要注意的是，好的产品一定是具有明确的并与之相匹配的场景定位的。正如当你在一个陌生的地方迷路并找路找得满头大汗的时候，你希望的地图应用应该是简单高效的，而不是过于繁复，进而加重你的负面情绪一样。满足效率型诉求的二维码一定是相对简单且能迅速被识别的。

同样，二维码的设计也需要与当前页相融合。如果当前页面除了二维码，还有其他功能，那么就需要充分评估不同的二维码样式所带来的“跳出”效应，以及对其他功能的实现会产生多大的影响。

因此，区分并明确使用场景，是展开二维码设计的一个重要前提。

3.4.2 聚焦差异化

在进行二维码设计之前，我们还需要对二维码的发生机制进行研究，并从中挖掘出可以展开差异化的点，并聚焦这些可以提升的优化点，进行重构再造。

二维码的原理很简单，可以理解为一种基于图形识别的数据存储方式。在二维码的图形中，黑色栅格代表 1，白色栅格代表 0，通过黑白栅格的精心组合，就可以形成一段类似于“0110001001……”这样的二进制代码。但需要注意的是，二维码的数据存储量是有限制的。

以图 3-29 所示的我们最常使用的 QR 码为例，它的尺寸大小限制为小于或等于 177 × 177 矩阵，容量限制为 2953 字节。

图 3-29 二维码基础结构

按照功能，我们可将二维码划分为以下 4 个区域。

红色区域：位置探测图形，用于标识二维码面积的大小。

蓝色区域：定位图形，用于标识二维码 x 轴和 y 轴的走向。

绿色区域：校正图形，也是定位用的。

其他区域：主要指数据存储区。

二维码在设计之初就加入了“容错率”的机制。容错率是指在二维码可正常识别的前提下可被遮挡的部分占二维码总面积的百分比。目前，二维码的容错率可分为 L、M、Q 和 H 这 4 个等级，分别表示 7%、15%、25% 和 30%。这意味着数据存储区被遮挡面积不超过 7% 就不影响正常的识别，也意味着给我们提供了更多的创意空间。我们可以通过对二维码功能区域的创意重构，改变原先黑白色块的样式，通过一些色彩、形状和动效等设计手法的应用，将二维码的样式丰富化，赋予二维码新的生命，以此带给用户不一样的感官体验，从而诱导用户完成扫码操作，实现二维码的价值。

此外，在二维码信息文本的设置方面，我们还可以结合 User Agent（UA）、URL 参数组合技术，针对不同设备、不同访问需求，给用户提供不同的扫描信息，同时对实际的用户扫描情况进行跟踪，便于进行后期的效果跟踪和方案优化。

3.4.3 打破边界，组合重构

长期以来，产品始终是围绕着核心场景来迭代的。然而，随着核心场景的不断深入与强化，用户对它的认知在不断地加强，且好多产品也容易给用户留下比较刻板的印象，导致认知的停滞不前，从而产生产品的边界。对于二维码的设计来说同样如此。在对二维码进行样式重构的时候，要学会打破固有的边界认识，结合场景，对设计元素进行组合重构。

在此，我总结了以下几种二维码的创意设计方法，仅供参考。

1. 色彩表现法

就像画像素画一样，用色彩填充二维码中的方格，以表现一定的视觉形象，呈现出更多的设计感，如图 3-30 所示。这种设计方式适合尺寸较大的二维码，大量的栅格为设计师提供了更多的想象空间。

图 3-30 色彩表现法

2. 局部遮挡法

用特定的元素遮挡住二维码的一部分，或是在二维码中植入部分设计元素，使之与植入的元素产生整体的设计感，如图 3-31 所示。这种设计方式利用了二维码的“容错率”机制，由于二维码中有部分冗余代码，可以在二维码被污损或遮挡住一部分的时候仍然具备可识别性。

图 3-31 局部遮挡法

提示

在使用这种设计方式的时候，一定要先进行遮挡后的识别测试，确认被遮住的部分不会影响识别后，再进行设计。

3. 元素嫁接法

将二维码进行延伸，同时调整色彩，并将其与其他元素拼接和融入，也可将设计元素改变色彩，然后嵌入二维码当中，如图 3-32 所示。这样的二维码即使本身并没有造型上的变化，也能具有一定的设计感。此种设计方式适合运用在宣传品牌形象的二维码制作当中。

图 3-32 元素嫁接法

4. 整体造型法

把二维码当作整体造型中的一部分进行设计，设计的对象可以是一个场景，也可以是一个物件，如图 3-33 所示。在这张图中，我们巧妙地把二维码融入进去，让其成为整个画面的一部分，甚至隐藏起来，颇有点“大隐于市”的意味。当用户发现这个画面中隐藏的信息时，心中肯定会产生几分惊叹。

图 3-33 整体造型法

5. 场景再造法

将二维码作为一个整体场景进行设计。如一个城市、一块电路板或一张地图等，如图 3-34 所示。这种设计方式对细节有很高的要求，需要设计师考虑整个场景氛围的营造。不过，这种设计方式留给设计师的发挥空间也是相当大的。在设计过程中，设计师可以在场景中加入一些细节，如彩蛋、一个故事情节等，完成后的效果会非常好。

图 3-34 场景再造法

6. 动态表现法

二维码不仅可以制作成一张静态图，还可以制作成 GIF 格式的小动画。相较于静止不动的图片，动态图显然更容易吸引用户的注意，这可以看作是基于以上 5 种设计方式的表现升级。设计师们尽管脑洞大开，让你的二维码在屏幕上活动起来吧！

综上所述，创意二维码的灵魂就在于设计者的构思。有了一个精妙的想法以后，再用设计软件将它实现出来就好了。

3.4.4 效果衡量与追踪

完成二维码视觉设计后，还需要进行“真机检验”。真机检验，除了要检验 iPhone5、iPhoneX、华为、VIVO 和 OPPO 设备是否可以识别二维码以外，还检验微信、微博或一些 App 的扫码功能或“长按图片识别”的功能能否正常扫描识别二维码。有不少设计师在最后测试阶段才发现，辛辛苦苦设计了好几天的二维码识别不出来，或者识别太慢，这时候应该怎么办呢？

对于这点，我认为只要注意了以下几个问题，就可以大大提高二维码的识别率。

1. 检查色彩对比度

原始二维码采用黑白两色，是因为黑白对比度较高，而且 0 和 1 两个代码的色彩对比度越高，越容易被识别。因此在遇到设计好的彩色二维码不好识别的时候，将二维码去色后进行检查和修改，不失为一个好的选择，如图 3-35 所示。

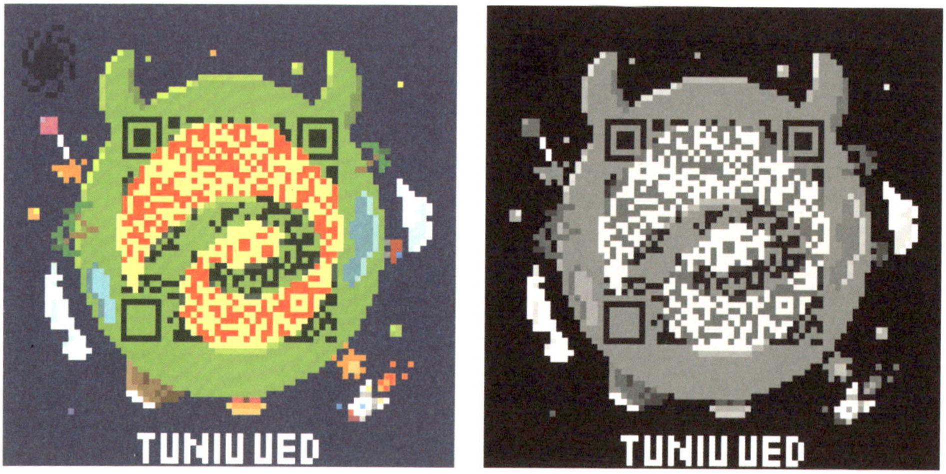

图 3-35 检查色彩对比度

2. 检查栅格形状

二维码的基本结构是矩阵，组成矩阵的最小单位是 1 栅格。虽然每个栅格的形状可以不规则，但每个栅格中，至少 78% 的面积必须被填满，如图 3-36 所示。

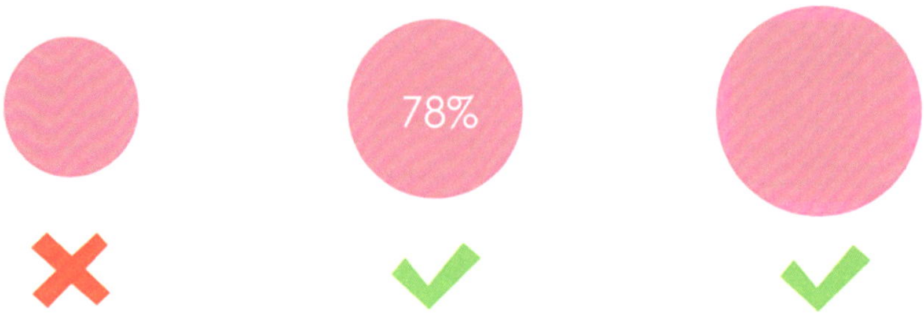

图 3-36 二维码矩阵面积占比

3. 不可以反白

白色栅格代表编码 0，黑色栅格代表编码 1。反白后编码就会出现错误，导致无法识别，如图 3-37 所示。

图 3-37 二维码不可反白原则

4. 善用容错机制

当原始二维码的图案无法满足创意需求时，可以利用二维码的“容错率”机制增加或删除一些栅格，甚至可以遮挡部分图形，如图 3-38 所示。

图 3-38 二维码容错机制

5. 注意排查位置探测图形

二维码的位置探测图形非常重要，必须要被清晰而明显地表现出来，如图 3-39 所示。如果你的设计无法被识别，那么可尝试提高位置探测图形的对比度，以此来达到可识别的目的。

图 3-39　二维码的位置探测图形区域

提示

创意二维码的设计虽然完成了，但实际的设计效果如何、是否达到最初的预期目标和如何对此进行检验等问题，还需要利用前文提到的 User Agent（UA）和 URL 参数组合技术去追踪最后的结果，把更多实际效果数据纳入用户的体验设计流程中，以辅助设计决策的制订，为业务赋能。

◎ 小结

“同质化”是互联网产品生态中的“死穴”和“毒瘤”，对设计来说也是如此。对一个设计师来说，设计出具有独特创意、细节丰富且严谨，并且能给用户带来好的体验的作品，是其核心价值所在。近几年来，人工智能技术飞速发展，未来有望将人类从机械的、重复性的工作中解放出来。但与此同时，很多人也可能面临着失业的风险。我们也已经注意到，很多科技企业已经开发出人工智能设计助手，让它们自动生成一些简单的图片，如电商平台上的商品广告图等。在滚滚的历史车轮面前，作为一个设计从业者，你未来的核心竞争力在哪里？只能是创意。创造力是人类对于 AI 的最大优势。设计师们必须不断发掘工作和生活中的创意点，提升自己的创意水平，即便在这看起来平淡无奇的二维码矩阵中，也尽情放飞自己的创意吧。

3.5 高效工作有“高招”

△ 文 / 喻乐

你是否经常忘记接下来要做的事？你是否总是难以完成一项周期较长的计划？你是否总是同时在做很多事，却无法集中注意力来专注其中的某一件事？在现代工作和生活中，我们或多或少会经历到一些“力不从心”的时刻。而在大多数情况下，造成这种“力不从心”的感受的原因，并不是个人的能力问题，而是因为我们没有一套适合现代工作特质的处理方法。

随着时代的发展，我们不再像过去那样总是线性地处理事务。相反，我们手头总是有好几个不同的事务需要处理，特别是管理人员或是自由职业者，那些必须做、应该做和想要做的事情全都堆积在头脑中。这样一来，我们的行动则开始变得混乱，更别提“专注”了。

我们的大脑可以说是自然界发达的精密机器，但它却有一个致命的缺点——它并不善于多线程地处理事务。有些人可以做到一心二用，但这样的人毕竟很少。我们只有将大脑从成堆的事务中解放出来，才能真正地专注于一件事。

3.5.1 初识GTD

美国作家戴维·艾伦在他的系列作品《搞定》中提出了 GTD 的理念，此后这套任务管理的方法受到了广泛的推崇，而本小节的内容就是围绕它来展开的。

GTD 是 Getting Things Done 的简称，意为“把事情做完”。正如这浅显易懂的名字，GTD 的理念也非常简单，学习了接下来的内容之后你会发现，重新获得“专注”能力的方法你早已掌握。因为在日常生活中，我们就已经这么做了，只是没有对这套方法进行系统性的安排罢了。正因为如此，GTD 得到了大力推广。

GTD 有两个指导方针，那就是“清空大脑”和“把任务转化为行动”。

如果把大脑看作一台计算机，那么在通常情况下，一件事情完成度越高，它所占用你大脑的空间就越小。相反，如果一件复杂的事务迟迟未开始，那么它所占用你大脑的空间就越大。在 GTD 的理念里，只有将记住这些该做的事情的工作交给其他工具，才能真正解放大脑。同时，任何一项复杂的任务都是由很多行动组成的。正是如此，与其记录抽象的任务目标，不如将其转化成具体的一个个行动，这样我们才会对自己的待办事宜产生一种掌控全局的感觉。

你可不要小看这两个观点，能够更好地规划你的事务的正是这两个思维。在《搞定》一书中，作者就举了这样一个例子："想象一下，如果你正要给朋友准备一顿晚餐，却发现厨房一团糟，你会怎么做？"针对这个疑问，我想大部分人的做法应该都如以下这样的。

① 收集所有不在原位的物品。

② 决定是否保留它们。

③ 将需要保留的东西归置到原位，并将要丢弃的东西丢到垃圾桶。

④ 检查厨具和厨房里有的食材，然后核对食谱。

⑤ 开始做饭。

这 5 个步骤可以被简化为收集阶段、理清阶段、整理阶段、回顾阶段和行动阶段，如图 3-40 所示。

图 3-40　高效行动的 5 个步骤

提示

以上这一做法确实是一套行之有效的方式，但除非我们能将这 5 个阶段紧密结合，并且按照统一的标准去加以管理，否则也很难实现高效。

3.5.2 高效行动的5个步骤

之前我们说到的 GTD 正是从这 5 个步骤中提炼出的一套任务管理的方法。接下来，我将对这 5 个阶段进行一个详细的分析与介绍。

1. 收集阶段

为了清空大脑，我们需要将头脑里的未尽事宜全部收集起来。就如同我们整理厨房时的情景一样，目之所及的事物全部都要在眼前过一遍。在收集这一步里，你可以通过头脑风暴的方式，从一个原点出发，向各个方向发散思维，不需要考虑重要程度或是事情大小，只需要将想到的都记录下来。

如果要将大脑从这些琐碎的事务中解放出来，那么就需要一个外部的储存装置来存放这些“想法”。当下我们正处于一个智能化的时代，每个人的手机里其实至少都有一款“提醒”程序或装置。在这个程序里，你可以将你所有的想法都输入进去。同时一旦你选定了一款相关程序作为你记录想法的工具，就不要轻易地更换，要保证你所有的想法都在里面。

2. 理清阶段

在上一步中，我们收集了大脑中所有的想法。接下来，我们要将刚刚收集到的杂乱想法进行判断，并加以处理，同时在此步骤中分清其中哪些是可行的想法，哪些是不可行的想法。

通常情况下，不可行的想法分有 3 种类型：第 1 种是完全不是任务的一些想法，例如一些灵感、电话号码或是其他不包含任何行动的信息，这些内容我们可以存放到其他工具中，而不建议存放到任务管理系统里面。第 2 种是没有明确目标的计划。任务管理系统中应该只保留目标明确、能够转化为行动的任务，而对于一些未来想要实现的梦想或是学习一门新语言之类的计划，除非将它们转化为切实可行的行动，否则不建议将其添加进来。第 3 种是带有明确提醒属性的事情。例如“下周开全员大会”或是“周五晚上同事聚餐”等事宜，这些事情在之后的某个时间点都会有身边的人的行动作为提醒。而出于对“减少压力源”的考虑，可以不把这些事务放到任务管理系统中来。

那么对剩下的内容，我们就都要把它们转化为行动，而不是停留在想法阶段。我们要给这些行动添加细节，如时间、地点或是人员、需要准备的材料等，使其更便于执行。

提示

除此之外，作者在《搞定》一书中还提到了“两分钟原则”，如果某件事只需要在很短的时间内就可以完成，那么与其将它归入任务管理系统绕一圈之后再回来做，不如当下就把它完成。（而“两分钟原则”中的“两分钟”在这里仅仅只是作为一个概念化的参考。）

3. 整理阶段

自此，我们理清后的任务就被全部都录入到我们的任务管理系统中了。即便是这样，我们对这些任务如果不及时进行整理，那么在日后会很难再检索出来，依然无法起到提高效率的作用。因此，这里建议使用列表和标签来给任务增加可供检索的维度。

⊙ **列表**：你可以把列表想象成篮子或是抽屉，针对不同的执行场景，将任务放进不同的篮子（列表）中。例如，我们可以将与工作相关的任务放入“工作”列表中，把与家庭相关的任务放入“家务”列表里。不仅如此，列表还可以嵌套，就像文件夹一样，我们可以用树状结构一层层地细分任务的种类，这样，当你想要找到特定类型的任务时，就有处可寻了。

⊙ **标签**：列表是以单一维度来划分任务的类型。当我们需要给任务添加更多维度的属性时，就需要用到标签功能。每个任务都能添加各种各样的标签，如任务的紧急程度、完成任务所需要的时间或是一些其他细节属性。这样做的好处就是可以添加更多个性化的过滤方式，而不用再对一些模棱两可的任务到底该放到哪个列表进行纠结。

在一开始，你不需要想当然的创建过于细分的列表和标签，而是要随着运用过程的推进，等到你真正需要的时候再优化你的列表和标签系统，这样可以防止产生太多无用的信息，从而影响整个系统的效率。

4. 回顾阶段

“回顾”一词的含义，主要是指查看系统，即确认接下来要处理的任务。每天早上上班的时候，你可以回顾一下自己的“工作”列表，查看有哪些工作需要处理，或是在下班回家路上，查看“家务”列表，看看是不是需要顺道买点什么生活用品。

同时，你还要定期检查你的列表，看看是不是有因为分类过细而冗余的列表和标签，找出那些不再需要的列表和标签，然后删除它们。同样，如果有已经完成或是不再有效的任务，那么也要及时将其进行删除。

5. 行动阶段

当你完成了以上的步骤之后，就可以开始执行你的任务了。在往日里，当我们结束了上一件事，并打算开始着手新任务的时候，都是凭直觉来决定接下来该做什么，而今天我们所介绍的这整个流程的目的，正是让你能够在任何时候都能找到适合的事项进行处理。

通过前几步的整理，你可以使用列表和标签来从情境、时间、精力和重要性等方面来筛选任务，如果你现在有半小时的空余时间，但不想做过于消耗精力的事，那么可以筛选出那些标有“轻松”和“半小时以内”之类标签的任务，然后执行它们。

3.5.3 助你高效行动的GTD工具

俗话说："好马配好鞍。"一个顺手的工具能够帮助你更有热情地投入到任务管理中。如今，智能手机应用市场里的任务管理工具已经多如牛毛，从倡导简单的提醒事项类 App 到功能全面又复杂的项目管理类 App，虽然各有特色，但大都在使用由列表和标签组成的系统来帮你整理、定位和筛选任务。找到一个符合你的审美和使用习惯的工具也很重要，毕竟这将是你每天都要打交道的伙伴。这些 App 虽然操作方式和界面样式都不太一样，但原理都是万变不离其宗的，一般只需稍作适应就能理解其中的操作逻辑。

如果在此之前你并没有接触过任何类似的软件，那么我推荐使用曾荣获 2017 年 Apple 设计奖的 Things 3 这个工具，它在 iPhone、iPad 和 Mac3 个平台都适用，如图 3-41 所示。

图 3-41 界面布局演示

这里我之所以推荐 Things 3，主要有以下两个方面的原因：第 1 个原因是它对责任区域、列表、项目和待办事项进行了层层划分，因此操作起来足够简单；第 2 个原因是它的清爽简洁的界面设计和细腻的动态效果很符合当代人的审美。

此外，目前在中文互联网上有许多不同的 GTD 的软件使用教程供你参考。（鉴于本书并不是以讲解软件操作为主，因此对于软件使用方面的介绍还请参阅其他资料。）

◎ 小结

在本节最后，我必须承认一点，你不可能因为做好了任务管理就能真的搞定一切，因为任务最终还是要靠你自己完成，所以你应该把更多的精力放在执行上而不是 GTD 本身。但是，如果你完全忽视任务管理，那么即使你能够出色地应对一个个任务，但也难免可能因忘记一些小事而出现许多本可以避免的麻烦。千里之堤，溃于蚁穴。如果你一直忘记小事，那么就会给自己造成更大的损失。

第 4 章

向上——拥抱用户

4.1 治愈内心的小情感

△ 文 / 屠静

在大屏幕手机时代到来之后，在手机的界面设计上，设计师越来越重视功能以外的效果呈现，如前几年特别流行的皮肤主题置换，各类系统图标的观感呈现等。

相信很多设计师都问过自己这样一个问题："为什么要做情感化设计？"有的设计师认为："这些机器只不过是一个个工具而已，好好显示出该有的功能，方便用户使用就可以了，为什么要做这种'华而不实'工作呢？"但人不是机器，人总是喜欢交流和互动的。情感化设计正如给机器披上了"人性"的外衣，假装自己是人，都是为了更好地抓住用户的心。所以，目前各类电商也是一直乐此不疲地做着各种情感化的设计。

"无论你怎么看待迷你库的动力性能，很好也好，仅仅及格也罢，平心而论，近年来几乎没有

图 4-1 2018 年闪屏设计（1）

任何一款新车更能引起人们的微笑。”《纽约时报》曾在宝马旗下迷你库珀 S（Mini Cooper S.）中这样评论道。在很多时候，引导我们去对某些事物做出选择的不是理性的认知，而是一些说不清、道不明的感觉。人们常常喜欢把这种感觉放到理性认知的对立面，认为理性才是文明时代的人们的行为标准，这其实完全是无稽之谈。就个人而言，感觉是认知的不可缺少的一部分，感觉有时也可看作是一种最深层次的理解和认知。

我们在交朋友的时候，常常会听到一方对另一方做出“没有感觉”“没有共同语言”等评价。生活中只有相互产生共鸣、相互理解的人才可能成为朋友或恋人。而我们与用户的关系也应该是一种朋友关系，甚至是“恋人”关系。适当地给予用户关怀和问候，能对两者之间的关系起到一个维系的作用，让用户从小细节上“爱”上我们的产品，如图 4-1 和图 4-2 所示。

图 4-2 2018 年闪屏设计（2）

4.1.1 情感设计的探索

怎样才能让用户爱上“我们”呢？我们通过对人与人之间的交流分析得出，只有给予用户更多的爱，才有可能得到更多的“回报”。在情感设计的道路上，我们一直怀揣着 CARE（Considerate（体贴）、Affinity(亲和力)、Ritual(仪式感)和 Enjoy(令人愉快)）用户的原则，并将其贯穿在每一次的交流当中。

1. Considerate（体贴）

该理念旨在对别人的心理或境况予以关心和照顾。我们的主要用户年龄多为“80 后”和“90 后”，这类人群正是当下社会的中流砥柱，在日常生活中面对的社会压力也较大。而中国人又比较含蓄，不会把关心和爱放在嘴边。因此在体贴化设计当中，如何将体贴体现到点上也是一门学问。因此在设计之前，我们需要去了解与分析用户内心可能缺少什么，针对此，我在这里总结出了以下几点内容。

怀旧：怀旧的对象可以是儿时或学生时代的老物件，也可以是家乡。

亲情和友情：对父母、儿女的挂念和对朋友的祝福，如图 4-3 和图 4-4 所示。

爱情：对爱人的情愫，如“2 · 14”“5 · 20”和“七夕节”等。

事件：如新闻热点、世界杯等大家都喜欢关注的事情。

传统文化：主要指节日节气，目的在于氛围的烘托，如端午吃粽子、立秋加衣服和冬至吃饺子等。

2. Affinity(亲和力)

单纯的工具传达是冰冷的，所以我们需要创造出一个形象作为代表和用户进行沟通。介于我们的用户多为年轻人，所以在 2015 年，我们进行了一次 Logo 的全新改版，从原来的“老牛”的形象，换成当下主流的头大身小的萌物。针对一些省略页面，进行插画形式的情感化设计。当用户在下单后等待客服审核时，页面中呈现的是“小牛正在努力办公”的情景，可以让用户有亲切感，潜意识中认为途牛客服是负责任和友善的。

图 4-3 父亲节闪屏页面

图 4-4 母亲节闪屏页面

3. Ritual（仪式感）

中国人向来注重“仪式感”，它是表达内心情感的一种直接方式。在《小王子》的故事里，狐狸对小王子说：“它就是使某一天与其他日子不同，使某一时刻与其他时刻不同。”其实说白了，仪式感就是用更多的时间、精力和金钱这种非必要的动作或行为来表达某种特殊的幸福感。我们每天都在重复地生活，每个人都像在失去方向的海洋上漂泊，而一些在特定的日子、特定的行为中所发生事情，在我们的生命当中烙下一个个印记，“节日”“节气”的提醒就是这些温暖的来源，它们已经长久地存在于历史的长河之中，一旦触发，就会引起人们共鸣，如图 4-5 所示。

当用户在某个节日里打开我们的 App 或者网站的首页时，常常会发现有些不一样的闪屏和 Logo 动画，从而唤起他们对这种特殊日子的关注，在枯燥的工具运用中增加一份惊喜、一份感动，这些就是我们时不时给用户的一种仪式感。

图 4-5 途牛二十四节气闪屏氛围

4. Enjoy(令人愉快)

科学家们最近发现了大脑中的“快感中心”，他们用电流刺激这个“快感中心”区域，被试验的人员证实了他们在被刺激时感受到了一种异常兴奋的快感。这种刺激可能是一场出乎人意料的惊喜、一个搞笑的出场方式或一副感人美丽的画面等。在打开一些 App 的时候，我们经常会遇到功能不完善，或者是在网络较差的情况下，无法及时加载内容等问题。我们当然不希望用户在体验过程中出现不愉快的心情，所以在这样一些“无奈”的情况下插入一些小插画，可以化解用户的负面情绪。例如，当用户在搜索不到内容时，可以用小牛形象结合“正在努力寻找画面中”信息来表现该状态，如图 4-6 所示。

图 4-6 途牛 App 省略页

图 4-6 途牛 App 省略页（续）

图 4-7 2017 年新年闪屏（1）

4.1.2 无处不在的“小惊喜”

对于情感化设计，以上都是一些抽象的讲述，现在我们通过一个具体的例子来进行说明。

图 4-7 和图 4-8 展示的是我们在 2017 年制作的部分闪屏。闪屏插画是一个拿真心和用户交朋友的设计模块。在这一年的闪屏设计中，我们都遵循一个共性，那就是每张图画中，都有一个“小牛”的形象，让小牛从一个 Logo 形象变身成一个会提醒你“天冷加衣”“过节送上祝福”的朋友。

随着大屏、触摸屏电子产品的普及，下拉刷新这个交互机会无处不在。当我们遇到卡顿或者页面载入不全的情况时，就会习惯性地进行下拉刷新操作。但一般这个时候网络还是会很差，下拉不会得到立刻的反馈，这时候我们对旋转的圆点的烦躁程度就像看到一个慢吞吞的树懒工作一般，这样旋转的圆点只会增加用户的厌烦情绪。为了避免该情况的发生，我们将圆点改做成了动画，将状态呈现表现为小牛随着下拉的速度翻出来和用户打招呼的效果。当用户一下子看到如此滑稽的画面，“快感中心”就会受到刺激，心情也可以随之变得舒畅起来，如图 4-9 所示。

图 4-8 2017 年新年闪屏（2）

图 4-9 途牛 App 下拉刷新部分分镜

通过趣味吸引，可以降低用户因等待太久而产生的不良感受。长时间的页面加载会给用户带来一些负面的影响，而个性化的载入设计正好能改善这一点。

小结

“吾生也有涯，而学也无涯。”情感化设计之路还很遥远，上述也只是“用瓢量海水”，但希望这些浅薄的理论可以对你有所帮助。

4.2 社交时代下的旅游内容创新

△ 文 / 程超 王怡

在信息高速发展的今天，人们获得信息的途径越来越多，过去以“质量为王”的选择标准往往需要耗费用户大量的精力和体力。而借助大数据的内容算法推荐，人们足不出户，就可以快速地了解一个陌生城市的美食，也能知晓千里之外的哪座海岛最适合蜜月出行，其消费习惯也逐渐从过去的口口相传转变为跟随信息流消费。

对旅游这类对口碑、渠道和媒介有强诉求的行业而言，单靠旅游线路产品这种“一招鲜，吃遍天”的手段，是无法在更新迭代如此之快的市场中抢占用户，进而实现商业价值的。因而我们在近年来也一直在积极探索新时代背景下的内容营销策略，无论是从内容层面的“游记”“玩法”和“旅图”等业务，还是榜单层面的“哪里值得玩”“当季热玩”等活动，抑或是互动层面的结伴、问答业务，都是我们在内容营销战役中不断尝试的方向。

在途牛现有的内容生产资源中，地主（当地内容推广者）、达人等 KOL（Key Opinion Leader 即关键意见领袖）的规模已将近 3000 人，但在营销推广时，我们刚开始并没有有效地利用这些活跃度高的用户资源，途牛线上产品的推广渠道也多在途牛站内推广，具有一定的局限性。如何有效地整合现有用户资源，扩大内容分享渠道，达到商业价值上的转化，成为我们打造全新的社交分享平台——牛淘客项目的初衷。

牛淘客项目的核心在于，以更为开放的姿态去赋能市场、低成本引流用户、帮助业务提高内容获客成本，并最终实现社会化分销体系的创建，助力途牛内容营销生态。面对这样一种全新的业务模式，设计师在项目推进过程中，也在积极寻找新的方法来帮助业务赋能。本小节将带领大家从业务模式、激励体系、表现形式和运营载体这 4 个创新方向，来了解我们在社交分享场景中是如何支持业务并产生正面影响的。

4.2.1 业务模式创新：双向输出，互利共赢

作为内容营销的主要载体，目前市场中现有的 OGC（品牌生产内容，即以职业为前提通过生产内容获得酬劳）、UGC（用户生产内容，通过互联网分享展示给其他用户）和 PGC（专业生产

内容，即有专业知识背景的用户无偿产生内容）这 3 种内容形式大都集中于用户与产品间的单向输出，这种依靠“一方输出，一方承载信息”的模式也是现有平台积聚内容的主要方式。

牛淘客项目甄选公司“牛人专线”“爸妈亲子游”和“朋派定制游”等口碑线路，以场景营销触达用户，深入打造度假旅游市场品类丰富、具有用户口碑的社交分享平台。它的核心理念就是“分享产品，赚取佣金”，通过细分用户消费场景中分享线路这一链路，用更细的粒度参与内容平台的生产过程，实现普通用户向“用户 + 营销”双角色的转变，让用户与产品双向互动，从而提升碎片化流量的变现，共同营造内容生态持续发展的环境，如图 4-10 所示。

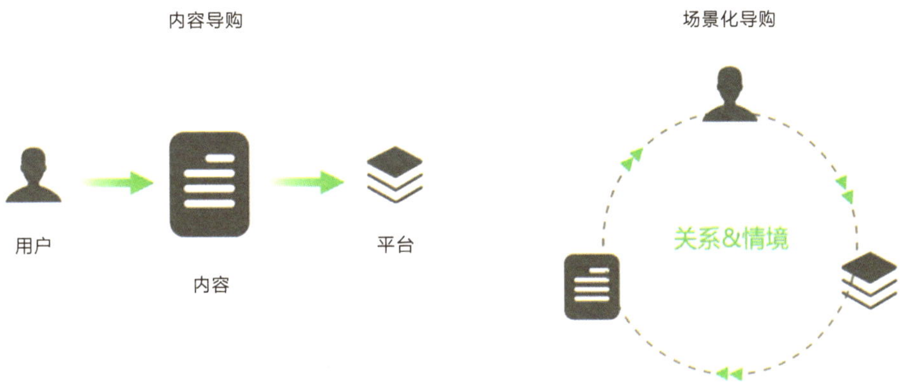

图 4-10 业务模式创新

4.2.2 激励体系创新：利益激励和情感激励

在新的市场环境中，用户对于平台的选择权增大，持续的内容输出很考验内容生产者对于品牌的忠诚度。以往的激励体系，大多是通过虚拟积分和会员等级来对用户层级进行区分的。

在此基础上，我们将激励体系进行升级，将设计思维集中在“利益激励”和“情感激励”这两个方向上，如图 4-11 所示。

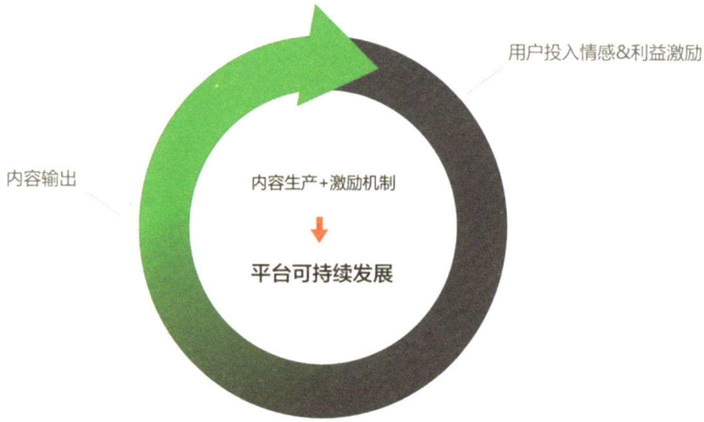

图 4-11 内容平台可持续发展条件

1. 利益激励

在牛淘客项目中，我们希望每个途牛用户都能成为零售场景中的参与者和商业模式发展的受益者，产品设计师在设计过程中也将更多的将精力投入到“钱”“货”和“人”的多维关系中，思考如何为内容化的复杂场景做好“共赢”设计。其中，“钱”主要是指牛淘客平台为用户分享链接预订线路，并在成功出游的情况下提供相应的现金返利；“货”主要是指甄选品牌线路，保证用户的满意度，同时依托海量主题线路，进行场景化推送，使“货”的分享更接近用户真实的出游需求；“人”主要指通过对性别、年龄、学历和消费能力等多维度分层中得到的符合牛淘客业务场景细分中的目标用户，如图 4-12 所示。

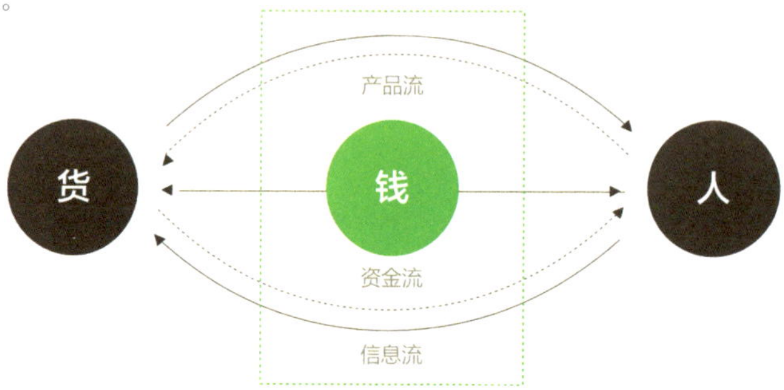

图 4-12 “共赢”三要素

2. 情感激励

在界面层面，由于牛淘客自身业务逻辑认知成本较高，为了在规则说明和填写表单信息等较为枯燥的页面帮助用户，我们通过鼓励性的文案、情感化的画面和强引导性的颜色等多个方面给予用户正向的精神鼓励，帮助用户减少认知成本，增加对牛淘客品牌的好感度，如图 4-13 所示。

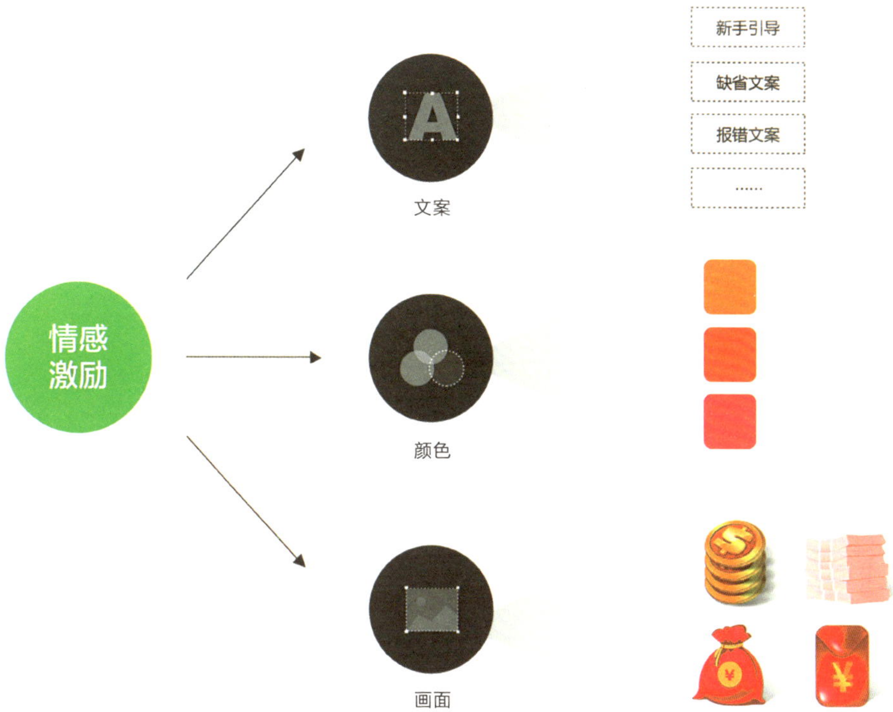

图 4-13 牛淘客情感激励落地点

在品牌归属感上，我们也采用了一些方式，以有效区分途牛现有的用户群与牛淘客的用户群，打造牛淘客会员的调性。例如，在产品逻辑设定中，用户必须通过申请加入分享平台，才有资格获得“牛淘客”称号，并参与后续所有牛淘客会员专属分享线路得佣金的活动。

4.2.3 表现形式创新：内容心智设计

1. 色彩心智

途牛作为一个相对成熟的互联网公司，已经建立了相对成熟的品牌识别体系。单就色彩而言，早之前的途牛品牌中的绿色和橙色都是具有活力的且可识别的品牌颜色。如何结合牛淘客业务，将现有品牌文化与产品设计相结合，是我们在前期业务品牌色调选取时需要着重考虑的问题，如图4-14所示。在遵循轻量化设计的原则和对品牌传承的反复分析下，我们最终决定将双色品牌简化为单色品牌，舍弃掉现有的绿色，改用橙色作为牛淘客业务的标准色。

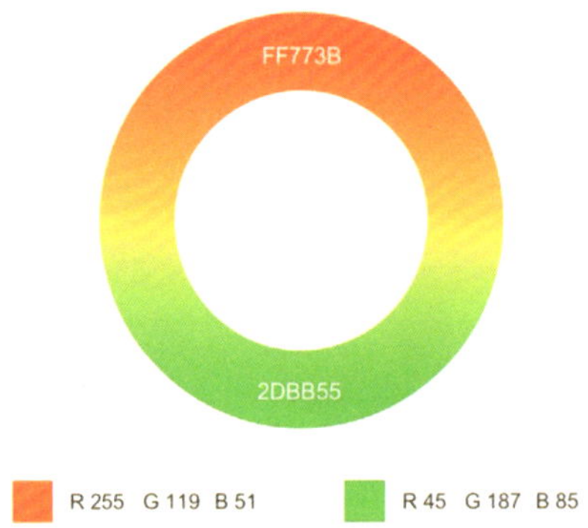

图 4-14 途牛品牌颜色体系

作为主色调的橙色在色环中隶属暖色系，色相本身传达了积极、阳光的正面情绪，这与我们业务的属性也是较为一致的。而更为重要的是，遵循国际通行管理，在股票色彩的固有认知中，绿色代表“下跌”，红色代表“上涨”。牛淘客项目作为与金额收益强相关的业务，主要的数据表现以增加为主，因此倾向于选择红色系的且活力感较强的橙色，更能在色彩上展现业务调性，便于用户认知。

2. 品牌心智

用户心智主要有以下七大规律：容量有限、厌恶混乱、分类处理、抗拒改变、寻求安全、关注差异和倚重反馈。其中“安全感”既是最基本的一条，也是新兴业务在市场中得以存活的要素。牛淘客项目作为途牛 2017 年在内容营销领域的业务探索，其业务形态主要依靠牛淘客用户通过分享线路链接，引导外部消费者进入购买，从而赚取佣金，获得商业价值。在解决用户的品牌信任度的问题上，我们通过强化品牌背书的方式来给予新用户足够的安全感，从而促成外部流量回流。

在文案方面，牛淘客业务名称的选取沿用途牛现有的“牛”字，凸显途牛子品牌的业务属性。

在外部链接呈现方面，我们将传统的分享链接文本转译为标准化的图文二维码形式，在图文二维码中凸显途牛 Logo、Slogn 等主品牌信息，内容样式与 App 详情页基本保持一致，依托途牛既有的品牌形象和口碑，用现有的品牌影响力为用户的购物体验提供担保，如图 4-15 所示。

图 4-15 分享图文二维码品牌露出

在最基础的业务内容呈现中，我们将围绕体验场景定义、心智框架定义和内容心智定义这 3 个层级详细讲述设计背后的故事。

（1）体验场景定义

通过分析牛淘客用户使用场景，我们可以了解到，在平台创建者、内容发布者和内容接受者这 3 个主要角色中，每个角色所在的场景不同，角色的诉求也不尽相同，设计师需要思考不同场景下用户的诉求，并提出优化解决方案，如图 4-16 所示。在发布者通过平台获取内容时，用户正处于了解和关注的阶段，此时内容的吸引度和浏览时的体验度将成为用户是否进行分发操作的关键。当用户产生了分发的欲望时，则需要着重于操作的高效性和品牌性，为内容发布者分发操作提供便利和保障。在内容接受者进行购买行为的消费场景中，产品设计的侧重点就转移到了优化购买效率和消费路径上来。定义好每个场景中的方法思考和设计侧重点，更加有利于我们实现业务整体的体验闭环。

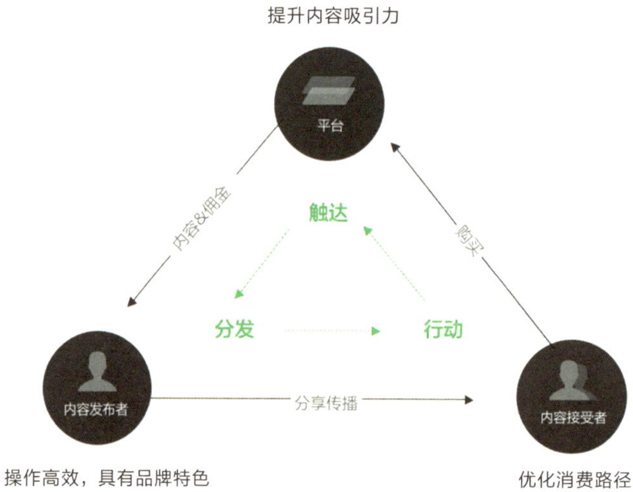

图 4-16 用户心智路径

（2）心智框架定义

通过模拟出在各个链路节点中，用户在使用产品时最直观、最迫切的需求和内容，并通过定量和定性的研究方法将其进行层级的排序，我们根据信息的层级性对页面元素进行划分。以“牛淘客”首页为例，其信息层级划分为“佣金金额 > 搜索 > 产品信息”。首屏焦点区域通过呈现收益金额，可以强化业务吸引力，帮助产品与用户在短时间内完成心智匹配，次级产品区域除了展示线路内容，高亮化分享按钮和佣金金额，也将刺激用户尽快产生行动，如图 4-17 所示。

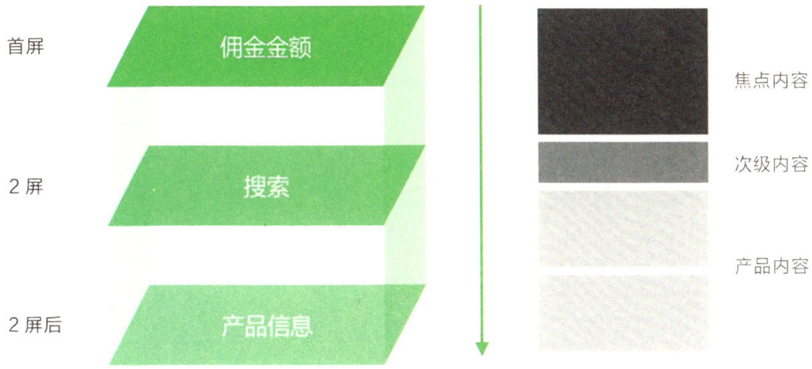

图 4-17 牛淘客首页内容框架层级定义

（3）内容心智定义

在用户心智的设计探索中，我们始终秉持着在内容呈现的形式和方向上需要符合产品业务定位，保持用户体验场景中心智的一致性。以业务入口 icon 设计为例，设计初期我们选用了“红包”“牛 + 钱”等图形元素进行视觉设计，但是这些视觉语言与其他业务的相似度较高，并不能较好地体现牛淘客业务的差异性，如图 4-18 所示。通过重新审视项目的核心定位，我们提炼出“分享才是业务本体”的视线，并在此基础上，选用“分享”的基础造型，将佣金元素注入 icon 造型，并通过动效设计的引入，更好地突显新业务的品牌价值和品牌理念。

图 4-18 牛淘客入口 icon 设计探索

在运营活动策划过程中，我们也始终秉持着这个理念，分别针对“用户”和“供应商”两个受众在内容心智方面的不同理念和理解进行体验设计。通过文案、颜色和布局等多种视觉语言，为不同层级的用户提供不同的心智表现。在对用户侧的运营推广强调产品优势，营造热闹的社群氛围，吸引用户申请成为牛淘客。对供应商侧的运营推广则主要强调质量，运用黑色提升品牌调性，破除供应商的疑虑，增加入驻率，如图 4-19 所示。

对供应商

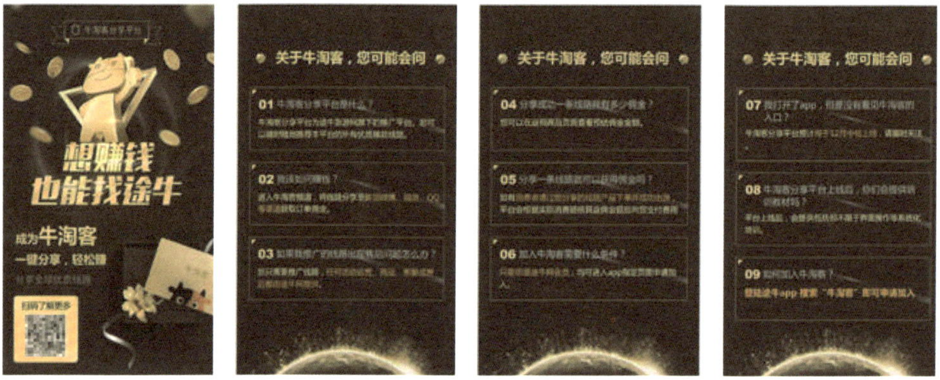

对客

图 4-19 对客 & 对供应商运营内容对比

4.2.4 运营载体创新：引爆全域营销

在牛淘客项目之前，途牛作为旅游市场的参与者，曾一度试水以微信朋友圈为载体的“微店”模式。然而微店刷屏式营销极易引起朋友圈中的好友的反感，而且因为多数店主并不依靠佣金赚钱，他们也不愿意花过多心思进行微店运营。与之相比，牛淘客项目覆盖的社交渠道更广，用户可以通过微博、微信和 QQ 等多个社交平台分享线路链接，并且不需要专门花时间和精力去运营，只需“一键转发”就可以坐等佣金，大大减少内容生产者的入门门槛，更利于增强用户黏度和活跃度，如图 4-20 所示。

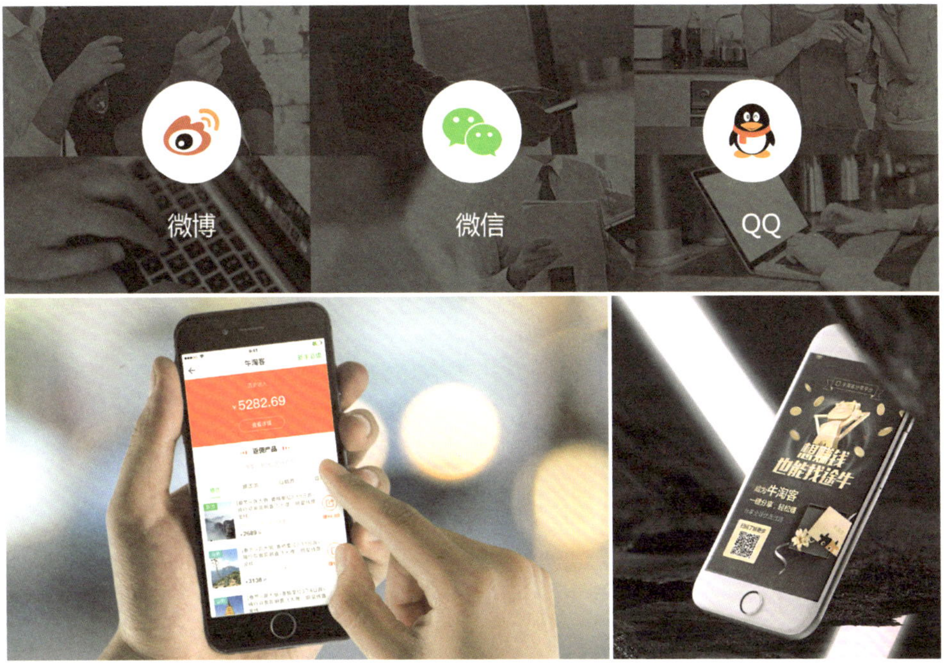

图 4-20 运营平台辐射

小结

在消费者升级中，平台已经不再是流量的主要入口，内容生产者通道将逐渐成为商品曝光的主要阵地。未来，我们也将根据在牛淘客项目中，积累的内容和商业间合作模式的探索经验，更好地利用自身的流量，不断顺应市场风向和业务形态的变化，持续完善社交场景下的用户体验，让设计在业务中的能动性和显性价值得到进一步的提升。

4.3 不止于视觉：品牌会员日解析

△　文 / 刘鸣 周轩

我们现在谈论设计师的能力，出现频率较高的一个词就是“全链路”。虽然不是每个设计师都具备全链路设计能力，但这个趋势表明，在互联网行业中，设计师的定位并不能局限于“视觉设计”，多样的设计需求、快速的产品迭代环境对团队里的每一个成员都提出了更高的要求。设计师在其中扮演的角色或者说所应该具备的能力，需要在“视觉”的基础上向上下延伸。

本小节将以途牛常规的大促活动“途牛会员日”为例，讲述设计师们是如何延伸自己的能力，并从容地应对每月一次的大促活动的。

4.3.1 用户的狂欢节，设计师的“大考”

说起来，途牛应该是 OTA（在线旅行社）行业里面第一个设立会员日，并把会员日当作常态化促销活动来做的平台。从 2015 年 4 月开始，每月的 16 日号被定为是“途牛会员日”。我们之所以会选择将 16 日这天作为途牛会员日，也是经过多方面考虑的。我们的项目组认为，大部分公司都在 10~15 日期间发工资，把会员日定在发薪日后的同一周内，这个用户消费能力较强的时间段对产品销售来说，有着“天时地利”的作用，如图 4-21 所示。

图 4-21　途牛会员日线上大促活动（1）

途牛会员日的运营模式与其他类似的大促活动相同。在会员日当天，用户可以在途牛网首页或者 App 中领取优惠券，参与抽奖体验活动，用最优惠的价格订购到心仪的旅行产品，从而实现自己的旅行愿望，如图 4-22 所示。途牛会员日到现在已经走过了 3 个年头，现在每期有超过 13 个品类的旅游产品在这天进行优惠促销，当日交易额超过两亿元。

图 4-22 途牛会员日线上大促活动（2）

这样的一场大促活动设计，对设计师和设计团队来说都是一项艰巨复杂的任务。

如果途牛平时的营销专题活动设计对于设计师来说算是“小测验”，那会员日的活动设计就好比一场“大考”，它是对设计师的设计水平、产品思维、全局观念和时间规划能力的综合性考试。

每每临近会员日，公司都会投入大量资源，并联合数个事业部合作推进该活动的进行。视觉设计师的主要工作是给整个活动提供直面用户的视觉呈现，这也是非常关键的一环。

相信阅读本书的朋友自身都是具备一些设计能力的，因此在接下来的内容讲解中，我不打算在视觉设计层上讲述太多，而是以设计为切入点，从项目管理、运营与视觉结合的角度去讲述设计师们应该怎样用更开阔的思路去完成自己的项目活动设计。

4.3.2 设计从打开软件前开始

“会员日”这种大促活动的规模相较于普通专题要大很多，一般包括主会场、品类分会场、前期预热造势物料、抽奖和领红包等活动的营销工具设计，其中还包括各渠道引流广告图设计、复盘战报设计等，对于设计师来说工作量相当大。一次大促的设计工作不可能让某个设计师“单打独斗”式地完成，而是需要一个设计师团队通力协作来完成。而设计团队的各个工作节点也是和大促活动的节奏相对应的。会员日活动一般分为 3 个阶段：前期造势（积累人气）、主促期和返场复盘。

在会员日的前期筹备阶段，设计师们的工作就已经开始了。有很多设计师会认为，策划阶段和自己没有关系，等运营团队把策划案写好，自己对着策划文档把图做好看了就行。而在我看来，这样的想法是不可取的。活动中的每一个环节，都与设计师是否能做好设计工作息息相关，如图 4-23 所示。

图 4-23 设计前期思考

电商的核心是销售，无论是运营，还是设计，最终目的都是将流量转化为订单。要做好电商设计，必须要熟悉公司的产品，了解公司的销售策略。特别是对于旅游类电商产品来说，影响线路销售状况的因素有很多，我们既要考虑季节性、节假日和国际国内政策等，又要在项目启动阶段、与运营人员召开策划会议时让相关设计师都参与进来，使他们对当次活动的主题、营销重点和时间节点等重要信息都有一个了解。这个时候，设计师们需要暂时转换一下自己的角色，从运营人员的角度去理解活动，并大胆地提出对活动主题、活动方向的意见，不用担心自己的意见是否会被采纳。如果此时你提的建议被采纳了，那么恭喜你，你已经完成了一次自我突破，向着全链路设计师的方向迈进了一步；如果没有被采纳，你则需要思考一下自己的提议与之后被采用的方案之间的差异在哪里，是否自己对运营的理解与真正的运营思路有偏差，并带着这样的思考去进行下面的设计工作。

4.3.3 严格把控时间节点

在项目执行过程中，关注时间节点非常重要。这里的时间节点不单是指设计师自身工作的时间节点，而是整个项目的时间节点。设计团队负责人要根据项目推进计划，也就是活动节奏对每个阶段所需的物料进行优先级排序，再进行任务拆分，如图 4-24 所示。

图 4-24 设计前期规划

如果用一棵大树来比喻会员日活动，那么树干就是主会场，枝叶是分会场和各渠道物料。“大树”要长得枝繁叶茂，就需要“树干”保持足够的粗壮。因此在整个活动的设计当中，主会场的效果呈现是关键。主会场需要承载商品信息、优惠券领取和关联活动入口等重要信息，分会场和延伸物料的视觉风格也需要和主会场保持统一。主会场 / 主视觉的设计是优先级较高的，也是需要先启动的。

一般来说，要安排团队设计水平相对较高、有大局观，而且大促设计经验丰富的设计师担任“主美”，由他完成主视觉的设计，确定整个大促活动的视觉基调、主要图形元素等关键内容，并尽快和整个策划团队进行确认，然后定稿。待方案确定下来之后，其他设计师就可以此为基础进行延展设计了。

有经验的设计师在设计活动主视觉的时候偏向于保守态度，这样比较容易迎合普通大众的审美。活动会场设计既是设计师的个人水平的展现，又是公司销售产品的一个平台，而且这种大促活动的时间节点环环相扣，实在没有必要将设计表现得太夸张和前卫，更不需要花费大量的时间去说服别人来接受你的设计，这也是大局观的一种体现。

造势预热期一般在活动开始前的一周左右开始。在这个时间段，我们会推出领券、优惠信息等活动信息，为活动当天引爆流量做准备。这个时期的物料以多渠道的宣传物料为主，需要设计师们按照之前分配的任务来设计海报、入口图等物料，并密切关注自己任务的时间节点，如果发现无法按照预定时间完成任务，那么就需要立刻在团队内通报，好让项目负责人及时调整人力分配，确保工作能够顺利完成。

4.3.4 促销活动的常见设计手法

我们不希望活动页面的设计过于“套路化”，而是力求每一期的页面上都有不同的场景和元素，甚至是故事情节，以给用户带来持续的新鲜感。不过，在设计师在进行创意构思时，有以下 3 点因素还是必须要考虑的。

1. 气氛营造

主视觉的设计师要考虑自己选择的视觉风格是否能够体现出活动所需的情绪氛围。其中，热情、强烈的气氛能够激发用户的消费欲望，削弱用户在买单时的理性思考，而此种氛围可通过一些动态的、炫酷的元素来实现，如图 4-25 所示。

图 4-25 途牛会员日 —— 暑假正当时活动

2. 色调选择

烘托活动气氛并非需要像过年一样让每个页面都呈现出红红火火的感觉，而是可以考虑刻意使用大量的暖色调。特别是“途牛会员日”这种每月一次的周期性活动，如果每期都使用类似的色调，必然会让用户觉得枯燥和烦闷。

高饱和度的色彩和渐变色是现在比较流行的设计方式。渐变色可以让整个页面的色彩变得非常绚丽，对烘托活动氛围大有益处。例如，在图 4-26 所示的秋日活动的视觉设计上，我们运用黄绿和紫红两个不同的色调，分别展现了秋日中白天和夜晚的两种氛围。

图 4-26 途牛会员日——秋日活动

3. 表现形式

在促销活动的风格表现形式上，实物 / 实景风格、插画风格和 3D 风格都是不错的选择，配上合适的色调，能够创造出好看又时尚的页面。但像途牛会员日这种系列性的大促活动，还是要考虑每一期的调性是否一致的问题。在此种情况下，一旦选定一种风格，就不要轻易变化，而是要让这种风格形成活动本身的品牌特征，并延续下去。

4.3.5 “完成”并不是“结束”

在所有物料都设计完毕，并上线之后，设计师们要对线上页面进行验收，确保线上呈现的页面和设计稿的高度保持一致，完成设计闭环，迎接活动主促期的到来。这时设计师们也可以稍稍松一口气了，剩下的就是一些收尾工作，例如大促期间的实时营收战报、复盘资料等，如图 4-27 所示。

图 4-27 设计收尾阶段

“复盘”是容易被设计师忽略的一个点。设计工作并不是在活动上线后就结束了，在活动上线之后，如何来评估这次活动的设计效果，是需要通过一系列数据分析来推断的，主要涉及以下 3 个方面。

1. 分析整体活动营收

在大促开始前，策划团队会对这次活动的整体营收有个预估值，是否能够达到预估值是判断整个活动是否成功的主要标准。诚然，影响活动营收的因素很多，如活动力度大不大、推广渠道多不多及参与活动商品自身质量高不高等。和这些内容比起来，物料设计是否合理、对营收的影响起到了多大作用是很难界定的。正如之前我们所提到的，一次成功的大促，必定是各部门通力合作的结果。

2. 对环比数据进行对比分析

OTA 行业是有淡季和旺季之分的，因此进行数据同比的意义不大。而环比去年同期的营收数据，看数据走向如何，并且在剔除掉不确定的影响因素后，将去年同期活动的设计与今年进行一个对比，看设计物料的数量和质量，以及创意程度，结合数据变化进行分析，可以对这次的设计质量进行大概定义。

3. 间接判断

每次活动结束后，将设计作品上传到一些专业设计网站（如站酷、UI 中国和花瓣等）上。之后注意跟踪发表后的反馈，如阅读量、是否获得编辑推荐和用户评论等。我们可以从这个维度上对活动页面的设计效果进行评估。如果在行业内获得大量的正面评价，甚至是引起了话题性的讨论，那么也能从侧面说明活动设计获得了好评。

我们希望每一次大促对团队都是一次历练，团队里的每一个设计师都能在参与的过程中有所收获，并能对其中的经验教训进行积淀和总结，让下一次的项目能够比之前有进一步的提高。

◎ 小结

无论是设计管理者还是设计师，在进行大促活动设计的时候，都需要带着全链路思维去工作，不要觉得只是单纯地完成作图工作就可以了。对于“全链路的工作思维”这个概念的理解，我在这里将其总结为以下几个方面。

① 要了解公司的产品、营销策略和近期的市场热点。

② 从策划阶段开始介入，了解活动主题、玩法和时间节点安排，并提出合理的建议或者创意想法。

③ 根据活动的时间节点拆分和安排任务，排列工作优先级。

④ 团队成员将划分好的工作任务执行下去，并随时沟通和反馈自己的工作进度。

⑤ 做好页面上线后的自查和修改 Bug（“错误”的意思）工作。

最后，希望每一位设计师都能享受设计，感受设计过程中思考的乐趣，同时突破角色的限制，实现更高层次的提升。

4.4 将情感“化作”设计

△ 文 / 郝越

作为途牛 UED 的视觉设计师，我们不一定有 BAT 的标杆式的解决方案，但我们秉持着设计师独有的哲学思考。

4.4.1 历史的洪流功能与情感的轮回

1. 水晶宫与第二次工业革命

1851 年 5 月 1 日，伦敦街道异常拥挤。人群涌向市中心，把海德堡公园团团包围。公园最中央就是那座被后人称作“水晶宫”的建筑。它选择在这一天落成有一个特殊使命，那就是成为第一届万国工业博览会（又称世博会）的举办场馆。

当时，工业革命的浪潮席卷了整个欧洲。狂热的人们借着世博会歌颂工业化的硕果时，也暴露出这些产品在功能与艺术性上的脱节。人们发现，在大工业生产背景下，技术与艺术的分离不仅带来了卓越的功能创新和技术突破，也带来了粗暴和丑陋。在“水晶宫”的玻璃幕墙下，这场极端的表演正在上演。一些产品因被装饰以维多利亚风格的烦琐雕刻而显得极不和谐；另一些更是直接放弃了艺术化的尝试，赤裸裸地将仅有的功能价值以粗糙的工艺展示在世人面前，如图 4-28 所示。

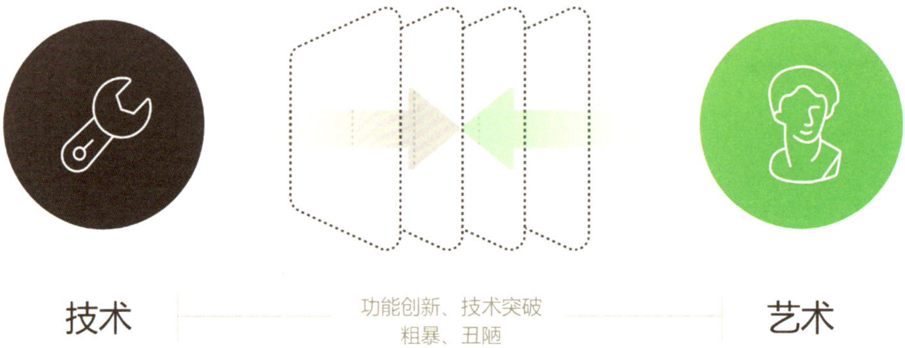

图 4-28 工业革命浪潮

2. 工艺美术运动

19 世纪下半叶，以“水晶宫”为代表的繁荣继续渗透到人们的生活当中。当时的美术家们不屑于产品设计，而工厂只注重规模和效益。导致一方面人们对工业文明乌托邦式的憧憬破裂成冰冷的流水线式的协作方式，另一方面这些冰冷的产品又大量进入民众的日常生活当中。最终，艺术和情感的诉求都被遗忘在时代的角落。就在这样的历史背景下，一场旨在复兴传统手工艺的“工艺美术运动”在欧洲蔓延开来，如图 4-29 所示。以约翰·拉斯金和威廉·莫里斯为首的先驱们在这场运动中反对机械化生产，提倡传统手工艺和匠人精神的回归，虽然这种思想根源在艺术史学界备受争议，但是不可否认，这是一群极为敏感的人对整个冰冷时代发出的呐喊，唤醒了人们对情感和人性的依赖，并影响了之后 20 世纪各种设计思潮的发展。尤其是在消费升级，提倡工匠精神回归的这几年。

图 4-29 工艺美术运动

3. 既是轮回，亦是宿命

每当我们以一个设计师的眼光回首互联网出现前的这段历史，第二次工业革命的余波始终以一定的周期进行扩散，并使其所到之处的人们的生活方式发生转变，情感依托产生空缺。20 世纪初，“新艺术运动”和“装饰艺术运动”先后兴起，旨在继承工艺美术运动的使命。随后，以“包豪斯”（如图 4-30 所示）为代表的现代主义接过火炬，继续填补着这些情感空缺。

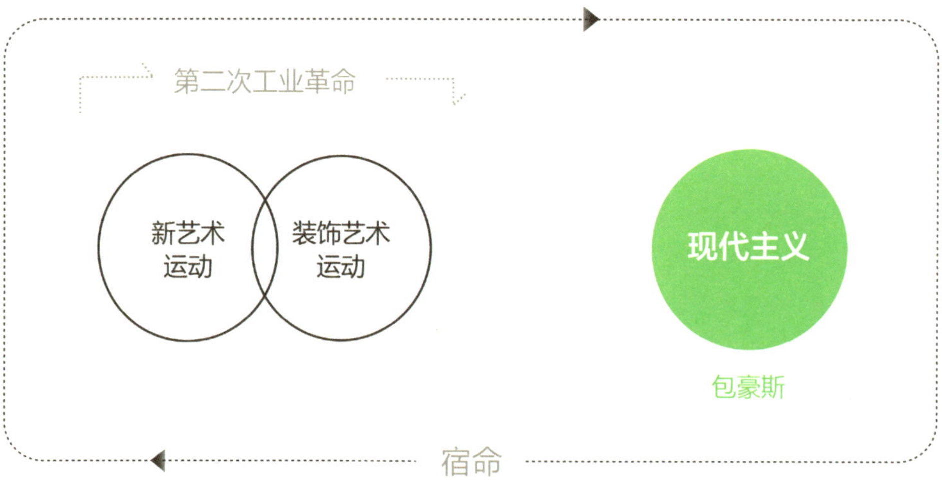

图 4-30 现代主义

20 世纪四五十年代的欧洲百废待兴，本着服务物质匮乏的欧洲民众的初衷，这种设计理念逐渐深入人心，确立了现代设计的基本思想。随后，现代主义随着移民漂洋过海来到美国。美国将这种理念发展为一种新的形式——“国际主义”，以服务人们在富足的生活方式下的精神追求。之所以被称为“国际主义”，是因为这种新的形式伴随美国传遍全球，反哺了接踵而至的全球经济复苏。

历史的脉络诡异多变，又“似曾相识”。我们总是能从这一次次的设计思潮中看到当年“水晶宫”和“工艺美术运动”的影子。每一次科技发展都带来了产品功能的革新、生活方式的颠覆和情感的缺位。这些情感缺位给不同时代的设计师留下了同一个问题，这个问题亟待我们去发掘。

4. 互联网与后现代主义

将镜头拉回到今天。时过境迁，现代主义早已成为经典，一种思潮主导一个时代的情境也成为历史。后现代主义的兴起使多元观点以百花齐放的姿态拓展着这个时代的创意边疆，如图 4-31 所示。另一方面，完成了早期开荒的经典理论也开始被精耕细作。我们建立了基于环境、工业和视觉三大框架的学科系统，也有了诸如人体工程、设计心理和人机交互等细分领域的研究。这所有的一切，都将设计指向一个唯一的目标 —— 建立人与产品的沟通桥梁和情感纽带。

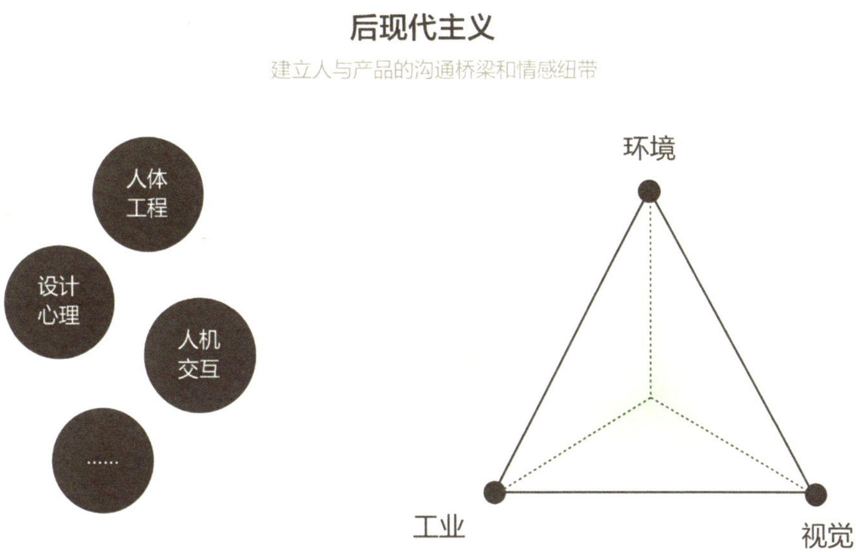

图 4-31 后现代主义兴起

这个时代的技术变革同样富有戏剧性，而且速度惊人。以互联网为代表的技术革命经历了几次泡沫破灭和蓬勃发展，如今已成为大众生活的基础设施。对于中国的从业者来说，移动互联网（基于通信技术的发展，尤其是 4G 网络的普及）在几年前才刚刚兴起，如今红利期已结束。此时的它也已经完成基础生态的搭建——技术的迭代在放缓，情感的诉求在回归，一扇窗口在向我们打开……

我们似乎又回到了一个半世纪前的那个十字路口，所有移动互联网产品都是那座有待精耕细作的“水晶宫”，而我们便是引导产品向用户敞开心扉的“威廉·莫里斯”。

4.4.2 我们的情感化实践

1. 途牛是什么

途牛用户体验团队的成立和发展也遵循着上文的“轮回”规律。早期，设计师们散落在各个部门，服务于相对独立的功能开发和业务模块。随着这些功能的完善和业务的日趋成熟，公司开始关注步调的一致性。为了统一产品的体验和品牌的表达，散落的设计师们汇聚到了一起，成立了如今的“途牛用户体验中心”。

说到这，大家大概也就明白了为什么我们会在这里提出“途牛是什么”这个奇怪的问题。**虽然它的答案可能因人而异，但是对我们设计师而言，答案大概有两个：第一，途牛是一个被广泛认知的品牌；第二，途牛是一款带有丰富功能的产品。**所以，接下来的情感化实践讨论也将围绕这两点展开。

2. VI ≠品牌

在我刚进入设计行业的时候，有一种叫作 VI（全称 Visual Identity）的职业设计师，他们几乎是当时与品牌相关的设计的代名词。VI 的含义正如同它的字面意思 —— 从视觉角度规范品牌的输出和表达。

随着这个概念的普及，VI 的一些弊端也逐渐显现出来。VI 的大体思路依旧停留在视觉规范的层面，而且模式化的倾向慢慢显现。一套完善的 VIS 系统包含哪些元素基本已经定型，企业对品牌构建的需求被设计公司拆解成“操作指南”。设计师们按照“操作指南”里涉及的模块对应分工，把各自负责的部分像流水线一样进行整合，拼凑出一套完整的、符合行业标准的 VIS 系统。在我们周围可见的大型企业中，品牌几乎都是通过这种类似的流水线形式拼接成的。这些品牌的设计千篇一律，甚至与竞争对手相比，都没有太大的视觉差异。这里值得一提的是，在途牛品牌 VI 的升级也存在着类似的问题。如何深入塑造“途牛”这个品牌，以及如何从各种品牌甚至竞品中脱颖而出，成了我们日常工作之余自己给自己设的一道附加题。

3. 品牌 IP 化

对于如何通过设计体现品牌的差异性问题，我认为在各种品牌横行，任何表象特征都不能成为明显记忆点的今天，强调颜色和造型特征已经很难达到令人满意的效果。所以，一个绑定途牛品牌的卡通 IP 形象诞生了，而且我们还为这个卡通形象取了一个可爱的名字，叫“牛敦敦”。

“牛敦敦”是以途牛新 Logo 为原型的再创作，如图 4-32 所示。不同于途牛新 Logo 的是，我们为“牛敦敦”Logo 中“牛”做了一些具体的人物设定，并将这种设定和公司业务涉及的旅游场景相结合，创作出一系列短篇漫画故事。通过这些漫画故事，“牛敦敦”年轻、活力、好奇、热心和积极向上性格特征可以得到充分的展示，并且相对于颜色、造型这类表象差异，使用性格作为品牌记忆点有更大的发挥空间。

图 4-32　牛敦顿形象塑造

首先，我们都知道双胞胎往往有着几乎相同的外貌。但是双胞胎的家人却能很快将其分辨出来。大多情况下，双胞胎家人的这种分辨能力不是靠观察双胞胎的外部特征来实现的，而是通过他们之间的长期相处后，对双胞胎各自的性格的充分了解。人类用数万年的进化锻炼出这种特殊算法，只借助潜意识和简单的神经即可迅速做出判定。并且这种识别能力几乎算是人类与生俱来的天赋。在这种情况下，有性格的品牌无疑更容易得到用户的关注，并产生信赖。

其次，品牌性格的树立有助于建立同目标用户的情感纽带。当用户与 IP 化后的品牌建立了某种纽带关系之后，原本简单的商品交易属性便转化为一种人与“人”之间的社交属性。在提高品牌认知度的基础上，进一步增加了用户黏度。

基于以上两点判断，我们有理由将“牛敦敦”的故事续写下去，甚至延展渗透到我们的产品体验设计中。

4. 产品的情感

不同于品牌的抽象，产品作为提供服务、输出价值的终端，是具象的。产品也是品牌与用户产生交互的载体，所以产品与品牌两者相辅相成 —— 品牌为自家产品进行背书，而产品成为品牌情感的载体。这时，构建在品牌 IP 化背景下的产品只有具备同样的情感特质，才能在与用户的交互中输出情感，塑造性格，从而在同质化产品中脱颖而出，达到被目标用户识别的目的，如图 4-33 所示。

图 4-33 牛敦敦系列性格漫画

产品背后的团队用严谨的排期，将各种节日、节气和促销活动信息定期植入到各大网站和应用的首页、闪屏和启动页等界面中。看起来是在努力同用户保持一种文化联系，仔细想来却少了以往那些突发奇想的情感闪现。在为产品注入情感特质方面，我们需要思考走出程式化的思维方法。

5. 真实的情感最触动人心

在这里，我们并不能给出突破既定范式的方法论，也不能描述出具体的行动步骤。能够被描述的是我们对现状的反思，以及对未来情感化设计的大概设想。

翻开设计心理学的一些相关书籍，我们会发现，无论是马斯洛的“需求层次”理论，还是诺曼的“本能、行为和反思”理念，都将人的行为归纳成递进的金字塔结构。我们需要解决的情感问题就在“金字塔”的顶层，它既是马斯洛定义下的“自我实现”，又是诺曼定义的“反思”，这种情感的来源途径或许有两个：一是企业文化、品牌形象与团队群体意识的产物，二是产品和品牌背后的商业逻辑，如图 4-34 所示。

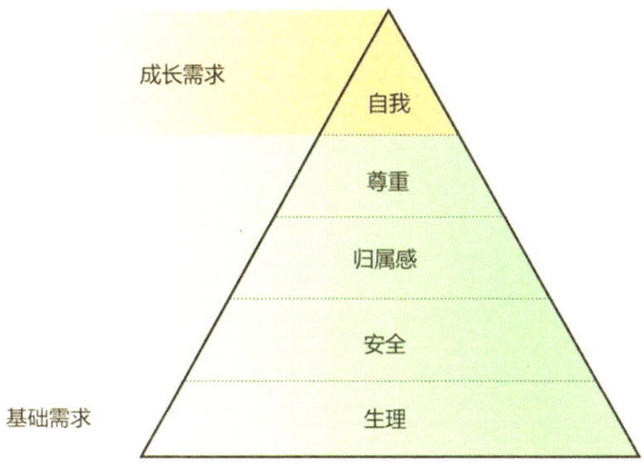

图 4-34 马斯洛需求层次理论

任何企业都会在产品中融入其希望树立的品牌价值观。设计师们也深谙此道，他们把各种品牌和产品打造成年轻、时尚、富有活力和创意的形象，这既是范式的一部分，又是市场同质化形成的主要因素。在这背后，真正决定个性和真实情感的因素被人们忽略了，那就是团队的群体意识。未来任何团队的情感化实践都被锁死在团队自身的认知边界和无意识的行为当中。这里刚好有一个相反的例子，在供职于途牛之前，我曾服务于本地的另一家企业。当时这家企业正处于转型期，企业文化与管理理念还停留在传统行业的状态，导致这家公司试图打造的“年轻时尚”形象一直停留在口号层面。因为执行团队被刻板的管理制度束缚多年，没有太多的激情和表达欲望，更没有除了工作以外对精神世界的关注和反思。所以，除却“年轻”“活力”等标签，一个企业是否还敢于让团队自我表达，一个团队是否还有更多的精神内核可被表达，就成了突破范式的关键。

如果说一个产品的情感源自于背后团队的真实的自我表达，那么是什么承载了这个团队的核心价值观？我想大概是团队乃至行业存在所依托的商业逻辑。它是人类协作方式的外化，是品牌诞生的初心，是产品最本质的内涵，也是产品团队与世界连接的一种方式。当我们将一种商业模式看作是参与其中的全部个体形成的网络，其中的每一个节点就有了清晰的分工和定位，产品也有了参与到协作网络的模式。所谓产品的人格，便是这种位置和它带来的交互方式在用户心中的投射。就像每次打开智能客服时收到的那一句“亲，请问有什么可以帮助你的吗”。

基于这两点判断，我们不再将情感化设计的未来看作“技法”的突破，而是一种对事物本来面目和客观规律的摸索。**我们的情感化设计实践之路，就是让每个途牛设计师回归自我，让途牛这个年轻品牌拨开商业的外壳，一同寻找不变的初心和不断壮大的源动力的旅程。**我们会将旅程中的情感化作设计，通过途牛产品和品牌，与你诉说和分享！

4.4.3 情感化止于人工智能

1. 人工智能的现状

人工智能走进大众视野已有些年头，尤其是近期“鹿班”公测上线，更将 AI 的应用拓展到了设计领域。面对 AI 飞速发展的浪潮，我们在给予高度关注的同时，也应清楚地认识到其局限性——革命性的技术突破还未实现，谈到对人类劳动甚至设计行业的颠覆还为时尚早。

现阶段 AI 的发展依旧停留在弱人工智能阶段，只能严格遵照编码指令“思考”或者进行简单的“学习”。而这种“学习”说白了也就是一种人为编辑的算法逻辑。弱人工智能在没有基础理论突破的情况下，应用层面的技术进步只能是数量的堆砌和速度的提升，很难产生“意识”这个质的飞跃，如图 4-35 所示。

在设计领域，我们相信“鹿班”会带来更高的效率，掌握更多的设计技法。这种变化也会提高从业门槛，筛除部分以技法和操作为生的基础从业者，这些都会对设计行业产生积极的影响。即便“鹿班”如此强大，却依旧难以替代在情感和创意方面的人类工作。因为没有意识的 AI 不会拥有设计师所拥有的哲学思考，也不能理解设计行业搭建的完整哲学体系，而这些才是我们设计真正的价值所在。

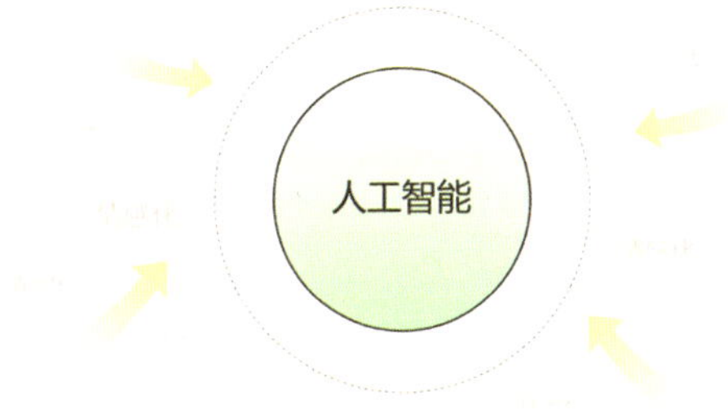

图 4-35 情感化止步于人工智能

未来强人工智能时代是否会到来，一直是一个颇具争议的话题。AI 这门技术涉及学科之广是我们无法企及的，但我很有兴趣与大家探讨当这一天真的来临时，AI 对设计行业的颠覆，或许能带来一些意料之外的启示。

2. 交互的颠覆

自 20 世纪 70 年代，人们已在工业设计的框架内建立了一门细分学科——人机交互。不难理解，这门学科探讨的核心便是人与机器的交互问题，跨度涉及工业机床到一般生活家电。短短几十年间，人机交互方式从早期的物理按键、操纵杆到 PC 时代的键盘、鼠标和显示器，再到移动互联网时代的触控操作，形成了如今完善的用户体验设计体系。但这些都将在人工智能时代被颠覆，且有些甚至已经到来，主要表现在以下 3 个方面。

（1）视觉图像交互

我们在 PC 和移动互联时代积累的视觉图像交互经验看起来丰富，实际更多时候是单通道的——计算机输出图像，靠人捕捉这些图像来进行沟通。而在人工智能时代，计算机也将拥有捕捉人的表情动作和周围环境的能力，从而像人一样与你进退自如地进行互动，如图 4-36 所示。

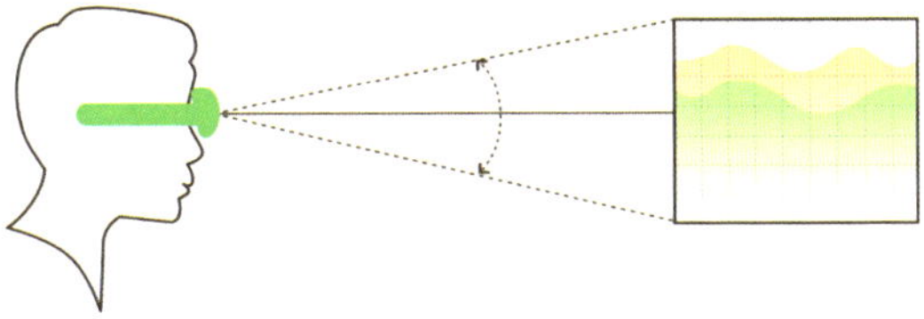

图 4-36 视觉图像交互

(2)自然语言交互

在当下，对于自然语言交互，我们已经能看到一些“苗头”。语音搜索几乎成了应用的标配。大的 IT 企业几乎都在进行 Chatbot(指聊天机器人)方面的研究，各厂商也都先后推出了植入语音交互功能的家用音箱产品，如图 4-37 所示。因此，未来自然语言有望成为人机交互的主要方式。

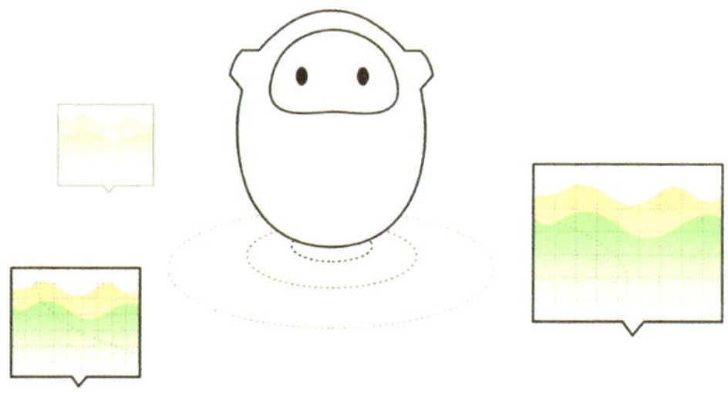

图 4-37 自然语言交互

(3)体感手势交互

对于此方面最早的尝试应该是微软的 Kinect。Kinect 可以让你在看电视的时候既不需要遥控器，又不用开口说话，只需要一个简单的手势动作便可以完成操作。如今，Kinect 在电子产品里面销售速度非常惊人，在不到一年的时间里，就在全球完成了上千万台的销售，可见大家对这种体感互动的接受度有多高，如图 4-38 所示。

图 4-38 体感手势交互

未来，人工智能会成为万物互联的基础。为了成为所有设备的入口，实现多场景下与人的交互，人工智能的终端需要集合以上甚至更多的交互形式于一身，这才是交互方式上更大的颠覆。面对这样的颠覆，或许未来我们都无暇再顾及那些手机屏幕上呈现出来的“小情感”了吧！

3. 角色的颠覆

说完技术方面的颠覆，我们依旧回到协作方式的本质上来。畅想一下人工智能是以怎样的状态接入世界，并和我们构建协作关系的。

这是一个基于认知能力的脑洞题。从微观层面看，当机器出现意识，设计师构建的从用户到产品的沟通桥梁便失去了意义。历史上不断出现的从功能到情感的轮回，也将在机器意识的觉醒中被改写。我们依旧需要交互方式的改良，需要情感的共鸣，只是完成这些工作的将是人工智能本身。

这就是为什么霍金和艾隆·马斯克这些杰出的科学家一直告诫我们要谨慎对待人工智能。我们不是生产出了一种新型的智能产品，而是创造了一种新的生命形态。在宏观世界里，它很大可能会将智力与体能都有限的人类从落后的协作方式中剥离出来，以自己的方式创造一个“富庶”的世界。在这个世界里，不仅设计师这个角色不再重要，所有我们原本依赖的协作和情感网络都会被颠覆，如图 4-39 所示。

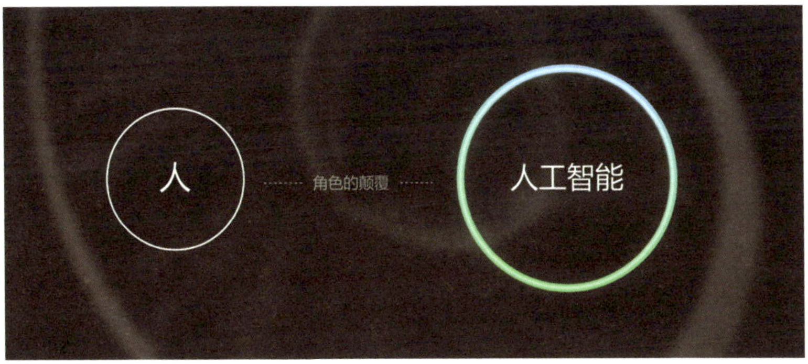

图 4-39 人工智能时代

小结

没有人知道这些担忧是否会应验。对我们而言，唯有更加珍视目前正攥在人类手中的这项特权——情感与创意，然后将它化作设计，并化作生活的点滴，或许才是“人之所以为人”的全部含义。

4.5 用心筑桥：旅游出行服务行业探索

△ 文 / 嵇振环

旅行的美好令众人向往，繁忙的我们却总是不经意地与这些美好擦肩而过。也许是碍于走进美好的机会成本，也许是害怕未知的恐惧心理……旅行似乎总在不经意间被用户复杂化，使得以往的我们不敢轻易地开启一段行程。伴随着消费结构的升级，全球的旅游趋势正发生着巨大的变化，人们对于精神娱乐层面的享受越来越重视。与闺蜜相约去米兰街道“血拼”的购物之旅，或是去看偶像演唱会的梦想之旅，又或者只是周边城市的休闲之旅……这些都可以算作是一次旅行的体验。而旅游消费产生的契机也变得更加多元，它可以是一整年精心规划的创造与执行，也可以是因一张特价机票引发的意外和冲动。

作为旅行中连接出发地和目的地的桥梁，交通在出游过程中也不再仅仅满足人们对于空间上位移的需求，同时也承载着整个旅行体验的重要组成部分。顺应趋势，途牛交通设计团队应运而生（目前已加入交通团队的业务伙伴包括途牛机票、火车票、汽车票和用车服务等）。如果说“交通”是旅行中连接出发地与目的地的桥梁，那么成为一名好的“筑桥工程师”也是我们设计师的努力方向。作为“筑桥工程师”的我们，期望在努力体验探索的过程中，通过设计手段将“人性化”的元素加入业务之中，使产品和服务更具个性化，而且更有温度。

4.5.1 适合更多人的设计

赋予产品令人惊喜的视觉呈现和流畅自然的交互体验，是设计师们一直以来追求的目标。作为旅游行业的设计师，我们试图从自己身边的场景出发，构建产品体验体系，然而旅游业务中用户的多样性和交互的复杂性，注定了这种缺乏同理心的设计理念会让我们错失服务更多用户的机会，让我们的团队背离人文关怀方面的愿景。

作为途牛交通设计团队，我们希望设计能够适应场景多样性，为交通出行提供更广泛的服务。设计师需要解决不同境遇、不同出身的个人与出行场景之间的交互不匹配问题，同时也需要为少数有功能障碍的群体提供出行服务。当然，这里的功能障碍并不等同于普通意义的个人健康状况，它指宽泛意义下人的某种能力在特定场景中不匹配的场景，这种场景很多时候是暂时的，如短期的伤害或环境影响人们与周围世界互动的方式。

在交通业务的设计过程中，我们通过微软的用户画像频谱（The Persona Spectrum），从目标用户的定义划分开始，考虑用户从永久障碍（Permanen）到暂时障碍（Temporary），再到情景障碍（Situational）的相同的痛点，如图 4-40 所示。我们重新思考了在不同用户情境下如何以新的方式解决痛点，并帮助扩展到更多的用户，这些思考最终帮助我们对旅游出行设计做出了一些优化和尝试。

图 4-40 微软的用户画像频谱（来源为 Microsoft 的理论 Inclusive design）

1. 合理的视觉规则

用户界面是系统和用户之间进行信息交互的媒介，所以它更直观，对用户的意义更深远。视觉要素作为用户界面的基本单元，是我们眼睛与界面的交互基础。长久以来，基于这样的交互基础，途牛出行业务一直致力于真实场景下的购票体验，并结合各种复杂场景（车站、行车途中和强光环境下等）进行购票测试，并最终解决用户在复杂线下场景中的视觉识别障碍问题和产品体验问题。

其中最基础的视觉规则就是通过提高文字的对比灵敏度来解决可读性障碍。依据WCAG（Web Content Accessibility Guidelines）2.0 文字可读性标准，调整大小、字重和颜色等不同的文字属性来制造不同的视觉效果。见图 4-41，在文字颜色分级体系中我们首次引入“透明度”概念。在不同的灰度背景下，相同深度层级的文字，透明度文字明显表现得更为优异一些。

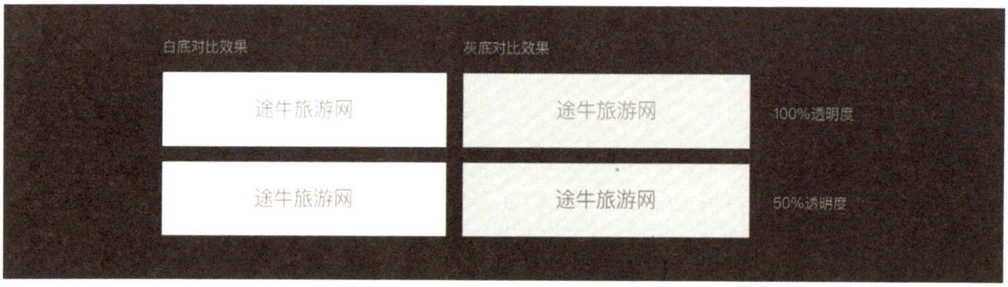

图 4-41 文字可读性标准识别示例

2. 高效信息传达

交通出行业务中，我们的用户可能在饭局中途改签了翌日起飞的航班，也可能在嘈杂的街头预约了接机的车辆。面对变化多端的使用场景，若是出现眼花缭乱的信息流，那么就会严重降低决策的效率，影响了抢票时机和用户感情。在特定业务场景下，如何高效地传递信息很值得我们更深一层的思考。

对此，我们的团队对业务进行了长期的研究探讨，且针对信息的必要性进行了多角度的评估与分级。遵循“KISS 原则”中所定义的，即产品设计的越简单越好，任何没有必要的复杂都是需要避免的。我们在出行服务设计中最终剔除了不必要且有干扰的信息，保留必要信息，如图 4-42 所示。同时运用接近性、相似性和连续性等法则对信息进行分层和重组，使其在空间序列中有系统、有条理并具备一定规律性地呈现其本来的意思，帮助用户获取符合其心理诉求的信息内容。

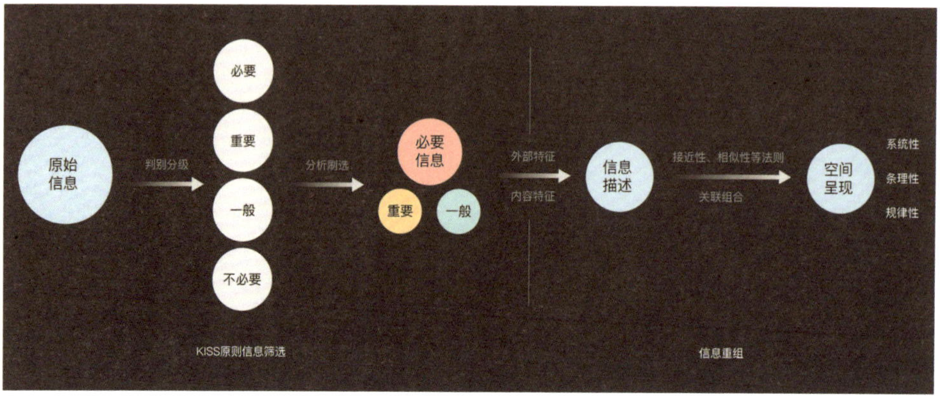

图 4-42 信息层级划分

在实际的落地工作中，以出行服务中组合搭售产品的业务为例，组合搭售业务的本质是为了方便完善这段旅程的增值服务，是我们需要保留的必要信息。出行中，人们有着一定的经济限制，所以展示这种有偿的服务信息就显得尤为重要。为了减少用户使用中的感知障碍，途牛交通出行品类中有偿服务信息均是以有关联、有规律的形式呈现在不同品类中的，用户在下单前就可对已选的服务一目了然。

3. 简单直观的流程场景

在规划和搭建交通全品类整体流程的框架时，我们团队对人的认知能力进行了初期的研究。发现经验、年龄、情感和知识水平因素决定了人的认知水平的差异，且长期较难改变。除了固有认知水平导致的认知能力不足外，还存在注意力分散场景下的认知障碍。基于这些认知差异，我们构建了业务主流程一致化的构想。

一致化意味着确保产品的每个组成部分都应该和谐统一，而不是试图改变某个组，让它们完全一样。这意味着我们需要坚持一些永不改变的关键性元素，让团队成员在这些元素周围根据业务特性再进行创新设计。在业务应用的过程中，我们梳理了机票、火车票、汽车票和用车等出行业务主流程的共性，对信息内容进行有效组织，搭建一致的页面场景让用户在潜移默化中形成对业务流程的使用感知，降低对不同业务流程的认知难度，帮助人们快速、精准地与产品进行认知匹配，提高继续深入使用产品的效率。例如在途牛预订机票后，我们洞察到在这个场景中用户有接送机的需求，因此在业务层面补充了这个服务，最终完善了预订成功后的后置场景流程，帮助用户在合适的场景下顺利完成接送机的预订流程，并在不易察觉的情景下完善自身的出行体验，如图 4-43 所示。

图 4-43 机票预订出行场景完善

4.5.2 设计的价值

交通出行业务因其业务的特殊性，主要以表单信息为主。在以往的 UI 设计层面，我们注重体验和包容，以此让人们感受到设计的友好度，但当我们需要让表单信息更加立体，更加有效地传达产品的气质和情感时，就需要跳出产品体验层面，以情感的角度去看待设计，考虑设计对产品的更广泛意义。

1. 情绪的“代入感”

“代入感”这个概念在游戏 UI 的设计中比较常见。它的定义是在玩家对游戏规则和目的认同的前提下，让玩家将自己代入游戏世界，代入人物角色，代入全局视角。而代入感这种情绪在应用类的 UI 设计中同样值得借鉴。

如何让用户对我们的设计产生“代入感”呢？仅仅依靠产品是不够的。在设计过程中，我们需要带着产品的思维去解读出行的意义，并有意识地仔细经营着与用户之间的互动点，通过不同的视角围绕产品营造氛围，并把注意力从产品的显性互动点延伸到情感层面的隐性互动点。

例如，说到海岛，谁都想起阳光沙滩，但这并不意味着人们不会从美食或某个独特角度的目的地体验项目来感受海岛。相较于众所周知的景点，这些独特的目的地元素也会在不经意间传达当地的生活的真实感，更具感染力。图片作为一种直观且具决定性的情绪感染方式，也是我们在出行服务中集中关注的要点，一张情绪饱满的目的地图片中所带来的触动有时候会影响人们的出行决策。与图片性质类似，设计过程中我们也不能忽略文字的力量，文案与字形所带有的特殊情绪也是可以与目的地进行强关联的，它们还可以调动用户情绪，让用户与之产生共鸣，如图 4-44 所示。

图 4-44 目的地氛围轮播广告设计

2. 驱动业务商业价值

作为设计师，运用专业知识解决业务问题只是一个基本任务和要求，而如何把握用户价值与商业价值之间的平衡，或许一直是一个困扰设计师的问题。并且我们越是在其中纠结，越会让这两者之间的矛盾在产品体验上集中爆发。

见图 4-45（横坐标代表的是价值，越往右附加值越大；纵坐标代表的是差异，越往上差异化就越大），经济价值发展一般需要经历的 4 个阶段。从图中我们可以清晰地看到，最后一阶段是通过体验来营造更高的附加值，当然产品间的差异也会更加明显。

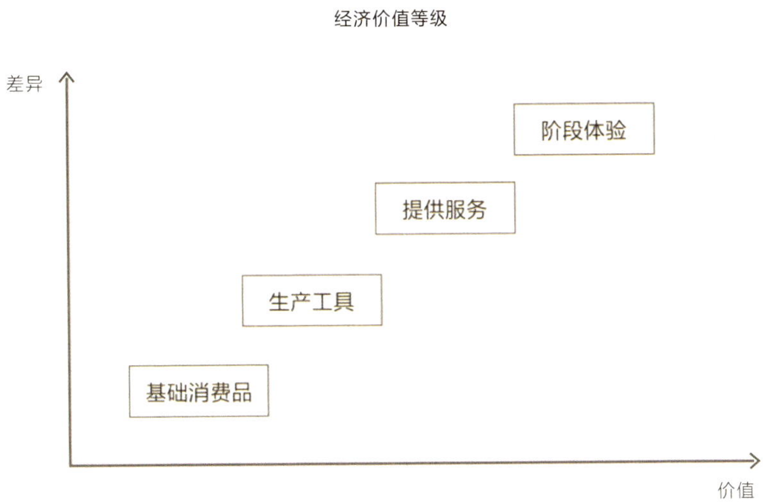

图 4-45 经济价值发展的 4 个阶段

当下我们已进入一个体验经济的时代，因此赋予产品漂亮的界面、流畅的体验是设计师的责任。很难绝对地说，商业价值与用户体验是矛盾的。因为真正符合用户价值的东西一定会带来商业价值，这种约定俗成的体验观点也早已成为每个用户体验团队的常识。

在产品构建过程中，我们也需谨记，过度关注商业，以自己的能力作为基准，以个人身边的事物和场景出发，构建整个产品体验体系的方法看似有所依据，却会在不经意间丧失对用户的同理心和用户关键诉求的表达，更容易陷入思维上的困境，并最终错失掉服务更多用户的机会。

小结

途牛网始终致力于为更多人提供出游服务，建立情感层面的联系。此外，我们也希望让设计变得更有意义，为用户出行提供有用、可靠、高效和令人满意的体验和感受。旅行可能始于一张车票，但是出行服务绝不仅仅是一张车票，在未来，还有更多场景、更多需求等待着我们去改变。

在这其中，每个设计师要想做出高效而富有情感的作品，自己先得是个热爱生活、善于观察并洞悉人性的人。出行不单是用户的事，还是发生在我们身边，与生活息息相关的事。途牛网将一直探索并推动完善人们的出行方式，无论是对现有业务的深耕，还是对全新领域的探索。我们喜欢旅行的每一个方面，并用心为用户构建出发地与目的地的桥梁。本着“以用户为中心”的设计原则，我们在满足用户需求的同时，还会去发现并拥抱体验的趋势，拥抱行业的变化，拥抱旅行的美好。

后记：保持飞翔的姿势

△ 文 / 王怡

交稿前夜，整理好思绪的我再度提笔修改这篇后记，此刻的心境已然与一个月前敲下第一个字时大不相同。

下班前，通篇浏览完已渐渐现出雏形的文稿合集，胸腔始终激荡着一些难以表述的情绪。回想起刚开始着手准备编撰这本书的时候，还是 2016 年的冬天，一晃神，小半年就这么过去了。当时，人民邮电出版社数字艺术分社的编辑找到我们，期望出版一本关于途牛用户体验践行经验的书籍，我自己内心的悸动依旧历历在目，用一句较为“佛系”的话来说大概是“时候到了”。作为一个相对年轻的团队，途牛用户体验团队很少在公众平台中发声，而通过这个契机我们也期望能与更多不同领域、不同阶段的设计师一起交流，互通有无。

图 1　途牛设计团队生活集锦

设计有“爱”

面试时，按照惯例我都会向面试者寻问选择途牛的原因。在这些面试者的答复中，很大一部分理由是因为自己喜欢旅游。爱好与工作的匹配度固然重要，但在我以往的观念中，一直认为企业的行业属性并不会影响设计专业度的展现，设计师的工作状态也不会因为业务的属性而有所变化。但当我从传统电商行业转投于旅游行业中时，这个平台中的多元化和包容度却实实在在地影响了我的价值观和设计观。

在这里，设计资源聚拢的团队构成让我们可以和各个职能的设计工种进行深入交流，定期的外部分享也让我们感知到行业变化。学得越多，就能跑得更快。工作之余，丰富的团队活动、不定期的内部优惠政策等给我们提供了更多了解世界的机会，用Local（当地）的方式感知旅游，理解旅行，可以帮助我们更好地将这种感悟应用到业务的体验设计中去，更好地为业务赋能。

图 2　多样的设计表现手法

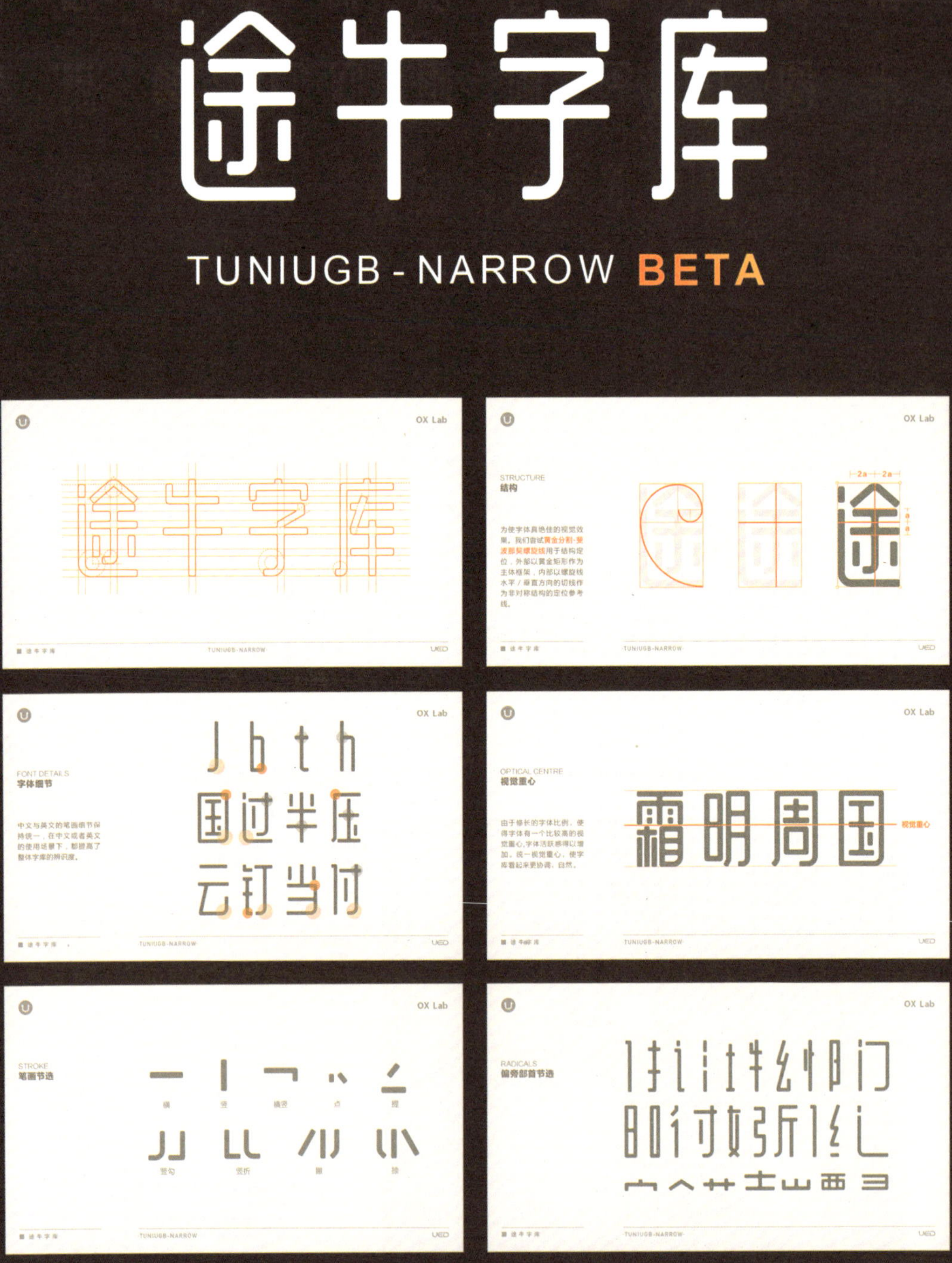

图3 途牛类圆体字体设计

所谓“团魂”

回到“本书的出版”话题上来。说实在的，在项目初期我的内心是慌乱的。从了解出版流程、招募作者、梳理大纲目录、把控写稿进度和审核修改稿件，到协同解决公司法务、财务等问题，这些事情对于大部分业务设计师而言都是第一次遇到，其中不确定的因素太多，承担的责任也很重大。如何在短期内总结出高质量的项目经验，对于常年沉浸业务的设计师们而言更是一件让人头疼的事。坦率地说，合同签订后，我背得最熟的就是违约之后的处理办法和赔偿措施了。

值得欣慰的是，途牛设计团队的团魂在此过程中给予了项目充分的认可和支持。当我将本书的大纲按照“认知 · 体验设计 —— 赋能 · 商业生态 —— 融合 · 设计策略 —— 向上 · 拥抱用户”的结构展现给大家的时候，不仅在团队内部获得了踊跃的投稿，且在跨部门的团队中也收到部分投稿，最终我们通过仔细的筛选，挑选了成书的这 20 篇文章。为了把控全局进度，我们除了参照现有用户体验书籍出版的经验，还运用了一些其他方法，主要表现为以下 4 点。

第 1 点：通过绘制出版流程图，明确各步骤所需提交的材料和时间节点，合理分配资源。

第 2 点：通过内部讨论、定期分享写稿案例等手段，帮助作者提炼论点，增强文字撰稿能力和语言表达能力。

第 3 点：每月底提示写稿进度，交稿月当月每周跟进，公示写作进度。

第 4 点：针对文章的审稿，主要通过作者两两交叉审稿和审稿委员会集中修改两种方式来进行，共同保障稿件质量。

4月途牛UED图书组稿进度				
文章标题	第1周	第2周	第3周	第4周
设计无界	30%	50%	—	—
动效：流动的创意	90%	100%	—	—
—	—	—	—	—
—	—	—	—	—
—	—	—	—	—
—	—	—	—	—

表 交稿月写稿进度把控

从项目启动到出版发行，历时一年之久。对于这样一个长期项目而言，刚开始写稿的热情可能只够支撑半个月，在专注力逐渐被业务分散之后，被打断的思路、灵光一现的想法可能需要更多的时间才能重新拾起。

对于设计师而言，前期的调研，论点的构建都会耗费大量的时间和精力。大部分作者都是在临近交稿月才集中式地进行了冲刺写作，这也导致最终留给内部审核的时间被大大压缩。在明确的时间节点下，只能辛苦团队成员利用下班时间进行集中讨论和审稿改稿的工作，也正是因为大家的努力，才使得章节逻辑、论点立意和文字表述等方面都有了较大程度的提升，此书也得以顺利集文成册。

图 4　审稿组委会二审过稿

在最后，感谢在此期间公司给予的大力支持和为之付出的每位同事，也希望此书能给读到它的读者带来一些感悟。我们也将不忘初心，始终保持飞翔的姿势。